Jakob Horowitz

**Der Toleranzgedanke
in der deutschen Literatur zur Zeit
Moses Mendelssohns**

Horowitz, Jakob: Der Toleranzgedanke in der deutschen Literatur zur Zeit Moses Mendelssohns
Hamburg, SEVERUS Verlag 2012
Nachdruck der Originalausgabe von 1914

ISBN: 978-3-86347-290-0
Druck: SEVERUS Verlag, Hamburg, 2012

Der SEVERUS Verlag ist ein Imprint der Diplomica Verlag GmbH.

Bibliografische Information der Deutschen Nationalbibliothek:
Die Deutsche Nationalbibliothek verzeichnet diese Publikation in der Deutschen Nationalbibliografie; detaillierte bibliografische Daten sind im Internet über http://dnb.d-nb.de abrufbar.

© SEVERUS Verlag
http://www.severus-verlag.de, Hamburg 2012
Printed in Germany
Alle Rechte vorbehalten.

Der SEVERUS Verlag übernimmt keine juristische Verantwortung oder irgendeine Haftung für evtl. fehlerhafte Angaben und deren Folgen.

seVerus

Der Toleranzgedanke
in der deutschen Literatur
zur Zeit Moses Mendelssohns

Preisgekrönt von der
Mendelssohn-Toleranzstiftung

Von

Professor Dr. J. Horowitz

> Kennwort: „Humanität ist der Zweck der Menschennatur und Gott hat unserm Geschlecht mit diesem Zweck sein eigenes Schicksal in die Hände gegeben."
> (Herder, „Ideen zur Philosophie der Geschichte der Menschheit," fünfzehntes Buch I.)

In der Reihe derjenigen Epochen der Weltgeschichte, deren Bedeutung nicht durch enge Grenzen des Raumes und der Zeit beschränkt ist, deren Einfluß vielmehr als ein nachhaltiger, auf alle Kulturvölker bis in ferne Zeiten dauernd wirksamer gelten darf, nimmt das 18. Jahrhundert unstreitig einen hervorragenden Platz ein. Wie man fortdauernd vom perikleischen Zeitalter als der für die Folgezeit einflußreichen Blüteepoche attischer Kunst und Dichtung spricht, wie die an den Namen des großen Alexander anknüpfende Periode als die folgenreiche Epoche der nahen Berührung und gegenseitigen Durchdringung griechischer Bildung und Philosophie mit der Kultur der großen Völker des Orients gilt und stets gelten wird; ebenso wie man in dem Reformationszeitalter, wegen des in ihm vollzogenen Bruches mit der römisch-kirchlichen Tradition, einen tief einschneidenden Wendepunkt der Weltgeschichte erblickt, eine Epoche der beginnenden Befreiung des Menschengeistes in Glauben und Denken, ebenso darf das 18. Jahrhundert den ehrenvollen Namen des Zeitalters der Humanität und der Aufklärung für sich in Anspruch nehmen, das umbildend und neugestaltend auf das moderne Völkerleben und auf die geistige und sittliche Entwicklung der Menschheit eingewirkt hat. Hat das seinem Ende zusteuernde 18. Jahrhundert durch die große Staatsumwälzung in Frankreich, in welcher Kant, ebenso wie in dem ihr vorangegangenen Nordamerikanischen Freiheitskriege, den Beweis für einen in der Weltgeschichte statthabenden Fortschritt erblickt, auf dem Gebiete des politischen und religiösen Lebens den Befreiungsakt von despotischer Willkür, kirchlichem Glaubensdruck und ständischer Vorherrschaft erfolgreich eingeleitet und zur Begründung konstitutioneller Staats- und Regierungsformen auch in anderen Kulturländern des kontinentalen Europa den ersten mächtigen Anstoß gegeben; hat diese gewaltige Staatsumwälzung durch Verkündung der Menschenrechte für das politische Leben der Völker sowohl wie für die Verselbständigung der individuellen Persönlichkeit des Menschen im religiösen Glauben und Denken eine nachhaltig wirksame befreiende Tat vollbracht, so war diese befreiende Tat in Leben und Denken durch eine große Reihe von Denkern theoretisch vorbereitet worden, die im Hinblick auf die praktische Gestalt, die ihre Gedanken angenommen haben, in der Bekämpfung des Gemeinspruchs: „Das mag in der Theorie richtig sein, taugt aber nicht für die Praxis," Kant unbedingt zustimmen würden (Abhandlung Kants, Berlinische Monatsschrift, Septbr. 1793). Von Voltaire, Rousseau, Montesquieu und anderen französischen Denkern wurde die Saat der Befreiung in Kirche und Staat ausgestreut, die in der französischen Revolution aufgegangen ist.

Der Kampf der französischen Denker des 18. Jahrhunderts für die Befreiung im religiösen Denken hatte seine Vorläufer im vorangegangenen Jahrhundert im protestantischen England, wo die unter dem Namen der Deisten bekannten Männer zweifelnd und zum Teil verneinend gegen alle religiöse Überlieferung sich gewandt haben. Bei dem Zweifel an den mittelalterlichen Überlieferungen der Kirche und dem Kampfe gegen ihre von den Staatsgewalten unterstützte Autorität — Zweifel und Kämpfe, welche den Ausgangspunkt des Lutherschen Protestantismus gebildet haben — konnte der nach Freiheit im religiösen und wissenschaftlichen Denken, nach Selbstbestimmung in moralischer Betätigung strebende Menschengeist für die Dauer sich nicht beruhigen. Waren durch den Protestantismus die **kirchlichen** Überlieferungen in ihrer autoritativen Gewalt erschüttert worden, so waren doch die **biblischen** Überlieferungen in ihrem Anspruch, unmittelbare göttliche Offenbarungen zu sein, unerschüttert, der uneingeschränkte Glaube an diese als göttlich geltenden geoffenbarten Wahrheiten als Voraussetzung und Vorbedingung religiösen Denkens und Empfindens bestehen geblieben. Daß aber religiöse Freiheit und Denkfreiheit beim Gebundensein durch einen kritiklosen dogmatischen Glauben an geoffenbarte biblische Überlieferungen ebenfalls nicht bestehen kann, wird durch die heftigen dogmatischen Kämpfe innerhalb des Protestantismus selbst, durch die von der reformierten Kirche gegen abweichende Glaubensmeinungen nicht selten zutage getretenen fanatischen Verfolgungen dargetan. Es erklärt sich somit folgerichtig, daß schon im 17. Jahrhundert, dem Zeitalter des dreißigjährigen, zwischen den katholischen und protestantischen Völkern Europas auf Schlachtfeldern ausgefochtenen blutigen Kampfes, auch der Kampf der Geister gegen **alle** Überlieferung entbrennt, daß eine Kritik „aller Offenbarung" sich zu regen beginnt, um dem auf halbem Wege stehen gebliebenen protestantischen Prinzip der Glaubensfreiheit zu einem entscheidenden Siege zu verhelfen. Den Ausgangspunkt der die neuzeitliche idealistische Philosophie eröffnenden Doctrin Descartes bildet ein entschiedener Protest gegen alle und jede Überlieferung, der Zweifel an der Wahrheit und Glaubwürdigkeit jedes aus der Überlieferung stammenden Tatsacheninhaltes, gleichviel, ob dieser aus Wahrnehmungen früherer Geschlechter — der

Geschichte — oder aus unmittelbarer Wahrnehmung gegenwärtiger Geschlechter sich herleitet, so daß sogar den Zeugnissen der Sinne das Vertrauen versagt wird und einzig und allein die Selbstgewißheit des Denkens als feststehender Pol, als der archimedische Punkt übrig bleibt, von dem aus eine Fortbewegung erkennender Denktätigkeit stattfinden kann. Da jedoch Descartes den über jeden Zweifel erhabenen **kritischen** Standpunkt der Selbstgewißheit des Denkens — des „inneren Sinnes" — bald verläßt, um unter Zuhilfenahme des metaphysischen Gottesbegriffs und seiner Attribute in Dogmatismus hineinzusteuern, so tritt sein Landsmann Pierre Bayle wie jedem Dogmatismus, so insbesondere dem Descartes entgegen und begründet seine Ansicht von der völligen „Unvereinbarkeit der Glaubenslehren mit der Vernunft". Schon hier beginnt der ausgesprochene Gegensatz zwischen „Vernunftreligion und geoffenbarter Religion", der im englischen Deismus zur Entwicklung gelangt und die französische Philosophie des 18. Jahrhunderts und deren „Opposition gegen die geltenden Dogmen und bestehenden Zustände in Kirche und Staat" vorbereitet. Unter den englischen Denkern des 17. Jahrhunderts, die durch ihren, teils im Geiste streng wissenschaftlicher Prüfung und Untersuchung, teils in satirischem Tone gegen die „geoffenbarte Religion" geführten Kampf die Aufklärungsperiode in Frankreich, mittelbar auch in Deutschland angebahnt haben, nimmt John Locke, „der Ahnherr der kritischen Philosophie", wie ihn Erich Schmidt nennt, einen hervorragenden Platz ein. In demselben Jahre wie Spinoza — 1632 — geboren, eröffnet er auf der Grundlage tiefdringender naturwissenschaftlicher Studien die Reihe der neuzeitlichen empiristischen Philosophen durch seinen „Versuch über den menschlichen Verstand", in dem zuerst die Untersuchung über „Ursprung,

Umfang und Grenzen der menschlichen Erkenntnis" als unerläßliche Bedingung aller erkennenden Denktätigkeit dargetan wird. Kann er dadurch den ehrenvollen Namen eines Vorläufers des Kantschen Kritizismus für sich in Anspruch nehmen, so ist er durch seine „Briefe oder Sendschreiben für die Toleranz", in denen er die Mächtigen der Erde in Staat und Kirche auf das Unzulässige der religiösen Unduldsamkeit in schärfster Weise und mit unerschrockenem Mute hinweist, und dem schon vom Kirchenvater Tertullian verkündeten Satze: „Non est religionis religionem cogere" folgend, das Frevelhafte und zugleich Widersinnige, das in dem Erzwingenwollen religiöser Überzeugungen liegt, das entweder zur Heuchelei oder zur Schwächung der Autorität der Gebietenden führe, darlegt, zum ersten philosophischen Vorkämpfer für das innerste, heiligste Gut des Menschen, für Gewissens- und Glaubensfreiheit geworden. Hierfür bleibt ihm ein ehrenvoller Platz in der Geschichte des Toleranzgedankens gesichert.

Bei aller Entschiedenheit aber, mit der Locke den Toleranzgedanken verficht, bei aller Schärfe, mit der er die Beschränkung der bürgerlichen Rechte der Mitglieder eines Staates wegen abweichender Glaubensansichten bekämpft, zieht er gleichwohl um sein Prinzip der Duldung eine Schranke, durch welche diesem der Charakter völlig freier Humanität entzogen wird. Wenn er auch die Berechtigung einer Staatsreligion, eines christlichen Staates, bestreitet und es nicht als Sache der bürgerlichen Gemeinschaft anerkennt, darnach zu fragen, welcher religiösen Gemeinschaft jemand angehöre, so daß „nicht einmal Heiden, Juden, Mohammedaner aus religiösen Gründen von den bürgerlichen Rechten ausgeschlossen werden dürfen", so kann doch, nach seiner Meinung, „der Staat von jedem seiner Mitglieder verlangen, daß er auch Mitglied irgend einer religiösen Gemeinschaft sei, denn Atheismus sei gemeinschädlich." Diese Einschränkung des sonst so enthusiastisch verfochtenen Toleranzgedankens beruht unverkennbar auf der irrtümlichen Gleichsetzung der Begriffe „Religion" und „Kirche", auf dem Fehlen der Unterscheidung zwischen persönlichem individuellem religiösen Empfinden und dem sich Bekennen zu einer positiven bestehenden Religionsgemeinschaft. Wer nicht Mitglied irgend einer bestehenden religiösen Gemeinschaft ist, dem gegenüber ist, nach Locke, der Staat zur Duldung — zur Toleranz — nicht verpflichtet, weil er Atheist und als solcher gemeinschädlich sei. Ein solcher vermeintlicher „gemeinschädlicher Atheist" könnte aber mit Fug und Recht dem gegen ihn erhobenen Vorwurf mit den Worten Schillers begegnen: „Welche Religion ich bekenne? Keine von allen, die du mir nennst. Und warum keine? — Aus Religion." Diese Schranken, die dem Toleranzgedanken von dem englischen Deisten gezogen waren, zu beseitigen, blieb dem 18. Jahrhundert vorbehalten, in welchem eine scharfe Scheidung zwischen „geoffenbarter" positiver Religion und „Vernunftreligion" sich vollziehen sollte. Die Art, wie der Versuch, diese Scheidung zu vollziehen, in Angriff genommen wurde und dadurch die Weiterentwicklung des Toleranzgedankens sich vollzog, ist in hohem Grade charakteristisch für den Unterschied der französischen und deutschen Aufklärungsperiode und für die Denkrichtung ihrer Vertreter bei beiden Nationen. Während bei den Franzosen, die man im Hinblick auf die große Staatsumwälzung des 18. Jahrhunderts das Volk der befreienden Tat nennen könnte, die Geistesarbeit der diese Umwälzung vorbereitenden Aufklärer von vornherein die praktische Tendenz einer Beseitigung der überlebten Zustände in Staat und Kirche erkennen läßt, begegnen wir den Vertretern der deutschen Aufklärung als Vorkämpfern für das **befreiende Denken**, das die Unhaltbarkeit des in Fragen religiösen Glaubens Angefochtenen auf dem Wege begrifflicher Erörtertung dartut. Ebenso wie der Lockesche Empirismus bei den Franzosen in den Sensualismus Condillacs und von diesem weiter in den Materialismus Holbachs und La Mettries, mündet der von den englischen Deisten und zuoberst von Locke zu Gunsten der Vernunftreligion geführte Kampf gegen den Dogmatismus und die von der Staatsgewalt unterstützte Autorität der positiven Religionen in Frankreich in die satirische, oft von leichtfertiger Frivolität nicht freie Negation eines Voltaire, der als der erste und einflußreichste Führer der französischen Aufklärungsperiode gelten darf. In Deutschland nimmt der Empirismus Lockes seinen Weg über Leibniz und die an ihn anknüpfende Wolffsche Schule zum Kritizismus Kants, der „durch Humes skeptische Bedenken gegen den Kausalitätsbegriff aus seinem dogmatischen Schlummer erweckt", die Erkenntnistheorie, die Ethik und die gesamte philosophische Weltauffassung an Haupt und Gliedern umgestaltet und neu aufbaut. Ebenso sehen wir den vom englischen Deismus für die „Vernunftreligion" aufgenommenen und von Locke für den Toleranzgedanken begonnenen Kampf, nachdem er eine Strecke Weges durch die Versöhnungsversuche der Leibniz-Wolffschen Philosophie zurückgelegt hat, in den Männern der deutschen Aufklärung seine Vertreter und Fortbildner finden, an deren Spitze die Namen Lessings, Mendelssohns und Herders stehen. Von diesen stellt der erstgenannte — Lessing — durch geniale schöpferische Kritik die Grenzen zwischen „geoffenbarter" und „Vernunftreligion" mit strengbegrifflicher Schärfe fest und gibt dem auf dieser Grundlage entwickelten Toleranzgedanken die klarste Fassung. Moses Mendelssohn — der im treuen Geistesbunde mit seinem genialen Freunde an dieser grossen Aufgabe arbeitende Popularphilosoph — bringt diese Gedanken, besonders in ihrem Verhältnis zur ältesten aller „geoffenbarten" Religionen — zum Judentum — dem allgemeinen Verständnis nahe und wird dadurch zu einem der Hauptvertreter der Aufklärungsidee in der deutschen Literatur dieser Periode und zum Befreier und geistigen Fortbildner seiner Glaubensgenossen in Deutschland. Herder — der Begründer und Schöpfer der geschichtsphilosophischen Betrachtung des Völkerlebens, erweckt das Verständnis für den Anteil, den die verschiedenen Völker des Erdballs seit den ältesten Zeiten an der allmählich aufsteigenden und sich entwickelnden Kultur und sittlichen Vervollkommnung des Menschengeschlechts gehabt haben. Er lehrt fremde, von der eigenen abweichende, durch individuelle Begabung und umgebende Verhältnisse bedingte Eigenart der Völker nach Gebühr würdigen und wird durch diese objektive Betrachtung von Menschen und Verhältnissen zum Überwinder tiefgewurzelter Vorurteile, zum Apostel der Humanitätsidee und zum begeisterten und einflußreichen Förderer und Fortbildner des Toleranzgedankens in der deutschen Literatur dieser klassischen Periode.

Der Begriff der „Toleranz" in seiner ethischen Bedeutung hat einen viel tieferen Sinn als man mit der buchstäblichen Bedeutung dieses Wortes zu verbinden pflegt. „Toleranz" im ethischen Sinne ist nicht nur „Duldung", das Verlangen nach ihr ist nicht der bloße Wunsch, von Anderen, die im Besitze der Macht sind, „ertragen" und „geduldet" zu werden. In dieser Fassung wäre sie auf Seiten der sie Verlangenden die Bitte um eine zu erweisende Gunst, auf Seiten der Gewährenden die Erfüllung dieser Bitte, zu der sie aber durch keinerlei Verbindlichkeit verpflichtet wären. „Toleranz" im ethischen Sinne ist eine **sittliche Forderung**, welche Menschen an Menschen stellen, deren Erfüllung unbedingte Pflicht, deren Verweigerung ein Zuwiderhandeln gegen das Sittengesetz ist. Die Berechtigung zu einer solchen Forderung und die Verpflichtung zu ihrer Erfüllung ist in der Humanitätsidee begründet, in dem Begriffe der „Allheit", nach dem jeder Mensch als „Persönlichkeit", als sittliches Wesen für seine Person, für sein Denken und seine Überzeugungen Achtung beanspruchen kann.

Die **Handlungen** jedes einzelnen Menschen als Mitglied einer bürgerlichen Gemeinschaft sind den Gesetzen dieser Gemeinschaft unterworfen. Er darf, wenn er diese Gesetze nicht billigt, durch Äußerung seiner abweichenden Meinung und durch überzeugende Einwirkung auf Andere für eine Beseitigung oder Änderung dieser Gesetze sich betätigen, muß sie aber, solange sie bestehen, befolgen und sich ihnen fügen. „Räsoniert, soviel ihr wollt und worüber ihr wollt, aber gehorcht!", war die Regierungsmaxime und der Ausspruch Friedrichs des Großen. Ohne Gehorsam gegen die bestehenden Gesetze ist kein Staat möglich. Mit diesem Gehorsam geht aber das Recht der freien Meinungsäußerung Hand in Hand. Wegen dieses von Friedrich dem Großen allgemein zugestandenen Rechts hat Kant das Zeitalter Friedrichs das „Zeitalter der Aufklärung" genannt. (Kant, „Was ist Aufklärung?" Berlinische Monatsschrift, Dezemberheft 1784*).

Die Gedanken und Empfindungen des Menschen entziehen sich, ihrem Wesen nach, jedem von außen kommen-

---

*) Neben Friedrich II. verdient Kaiser Joseph II. als der um das „Aufklärungszeitalter" wohlverdiente Monarch genannt zu werden, der durch seine kirchlichen Reformen und durch das 1781 erlassene „Toleranzedikt" den ernsten Willen, Duldung und Glaubensfreiheit zu fördern, kundgegeben hat.

den Zwange, und sie haben einen um so gerechteren Anspruch auf Achtung und Schonung, je tiefer sie in der menschlichen Persönlichkeit, in ihrer Individualität wurzeln und begründet sind. Zu den am tiefsten im Innenleben des Menschen wurzelnden Gedanken und Empfindungen aber gehören seine religiösen Überzeugungen. Diese sind keiner äußeren Macht unterworfen. In ihrem Bereiche gelten keine Majoritätsbeschlüsse, sie sind unveräußerlich und unverletzlich. Diesem Gedanken uneingeschränkter Religionsfreiheit hat der philosophische König auf dem preußischen Throne durch den Satz „In meinem Staate kann jeder nach seiner Fasson selig werden" Ausdruck gegeben, wenn er auch die volle praktische Konsequenz aus diesem Toleranzsatze nicht gezogen und nicht durch Gewährung gleicher Rechte an alle Bewohner des Staates, ohne Unterschied des Glaubensbekenntnisses, einem jeden neben der Möglichkeit der „Seligkeit" auch die der „Glückseligkeit" eingeräumt hat*).

Als tapfere Kämpfer für den Toleranzgedanken, der, da er der Idee des „Menschentums — der Humanitätsidee —" entsprossen ist, einen Grundpfeiler der Ethik bildet, sehen wir die führenden Geister in der deutschen Aufklärungsperiode zur Zeit Moses Mendelssohns auftreten. Ihnen allen gemeinsam ist der energische Protest gegen Vorurteil und dogmatische Abgeschlossenheit in Sachen des Glaubens und Denkens, gegen einseitige Überschätzung des einen, durch religiöse, nationale oder andere Tradition gewonnenen Standpunktes, und gegen die daraus sich ergebende Unterschätzung, Nichtbeachtung oder gar Verurteilung aller anderen, von

---

*) Sein Verdienst um die Lehrfreiheit, das er sich durch die gleich nach seiner Thronbesteigung veranlaßte Zurückberufung des Philosophen Wolff nach Halle erworben hat, bleibt ihm neben seinen anderen großen Verdiensten in der Geschichte unvergessen.

jenem Standpunkte abweichenden, sei es auf persönlicher Überzeugung, sei es auf geschichtlicher Überlieferung beruhenden Anschauungen. Die Art, wie diese Denker den Kampf gegen Vorurteil und dogmatische Abschließung, gegen religiösen Fanatismus und nationale Überhebung geführt, ist, ihrer Eigenart und der individuellen Anlage und Richtung ihres Geistes entsprechend, eine verschiedene. Betrachten wir zunächst den Mann, der den Kampf für die Toleranzidee als Denker und Dichter sein ganzes Leben hindurch am nachhaltigsten und schärfsten geführt hat. Auch wir „heben mit dem Rufe Gottfried Kellers an": „Komm, tapferer Lessing."

Wenn Objektivität des Urteils die erste Voraussetzung der Toleranz und einer gerechten Würdigung von Menschen und deren Anschauungen und Verhältnissen ist, so hat Lessing diese Eigenschaft in einem Grade besessen, wie kaum je ein anderer Denker. Und, was noch mehr sagen will, er hat nicht, gleich anderen, diese Objektivität erst mit zunehmender Reife der Jahre, mit wachsender Menschenkenntnis und Lebenserfahrung erworben, sie war ihm vielmehr von Jugend an eigen und gewissermaßen seinem kritischen Genius und seinem Gewissen angeboren. Schon in frühen Jahren der Jugend, dem Alter des „Sturmes und Dranges", in welchem Andere, und nicht am wenigsten die geistig Hochbegabten, zu extremen Anschauungen neigen und in prinzipiellen Fragen einseitige, von Parteileidenschaft nicht freie Richtungen einschlagen, erkennt Lessing das Falsche und Verfehlte solcher Auffasssung von Menschen und Verhältnissen und geißelt sie mit der ihm eigenen Ironie und sarkastischen Satire. Auf der Schaubühne, seiner „Kanzel", wie er sie nennt, sollten seine ersten dramatischen Tendenzdichtungen den Kampf aufnehmen gegen Dünkel und Vorurteil, gegen Intoleranz, Verfolgungssucht und die ihr eigene verwerfliche Art des Generalisierens, die das Verschulden eines Einzelnen die Gesamtheit, die bei einem Stande öfter sich zeigenden Fehler ausnahmslos und ohne Prüfung jeden einzelnen, der diesem Stande angehört, büßen läßt. Diese jugendlichen Tendenzdichtungen Lessings sind die Lustspiele „Der junge Gelehrte", „Der Freigeist" und „Die Juden", von denen erstgenanntes schon in der Schülerzeit in Meissen entworfen, 1748 in Leipzig aufgeführt wurde, die beiden letzteren von dem kaum zwanzigjährigen Lessing in der ersten Zeit seines Berliner Aufenthaltes — 1749 — vollendet worden sind. Richtet sich im „Jungen Gelehrten" die Geißel wohlverdienten Spottes gegen den Typus von dünkelhaften Aftergelehrten, die über ihrer Buchgelehrsamkeit jede Herzensbildung eingebüßt haben und in eitler Überhebung über die elementarsten menschlichen Verpflichtungen sich hinwegsetzen — schilt doch Damis, dem schurkenhaften Diener Anton gegenüber, seinen eigenen Vater einen Idioten —, so trifft im „Freigeist" — „zur Beruhigung des um die Theaterneigung seines Sohnes besorgten Kamenzer Pastors" — des jungen Lessing Satire und scharfe Zurechtweisung die zu jener Zeit — zum Teil auch heute noch — nicht seltenen oberflächlichen „Freidenker", die in jedem Positiv-Gläubigen — in Lessings Lustspiel ist es der biedere, rechtschaffene und aufopfernde Theologe Theophan — von vornherein einen Heuchler, Betrüger oder Fanatiker sehen und, trotz mancherlei gelieferten Beweises für das Gegenteil, kein Vertrauen zu ihm fassen wollen, eben weil er in religiösen Dingen anders denkt als sie, oder, wie es im Lustspiel heißt, „weil er ein Schwarzrock ist". Des zwanzigjährigen Lessing in diesem Lustspiel auf die „Bretter, die die Welt bedeuten", gebrachter Kampf gegen Vorurteil und Intoleranz ist um so bemerkenswerter, da es sich auf dieser „Kanzel" um Bekämpfung der Intoleranz „Freidenkender" gegen Andersdenkende handelt. Das sittliche Gebot der Toleranz, das der Humanitätsidee entspringt, ergeht nicht nur an „Orthodoxe" Freidenkenden gegenüber, es verpflichtet ebenso diese gegen jene. Toleranz kennt nur eine Grenze — diese ist die Intoleranz. An dieser Grenze muß sie Halt machen, weil sie, wenn sie die Intoleranz „tolerierte", sich selbst verneinen und aufheben würde. Die Intoleranz muß, von welcher Seite sie auch kommen möge, schonungslos bekämpft werden. Lessing, schon in jungen Jahren ein „Freidenker" im edelsten Sinne dieses Wortes, bekundet in dieser seiner Jugenddichtung die sein ganzes Lebenlang ihn auszeichnende Objektivität und Vorurteilslosigkeit. Er bekämpft, eben weil er frei denkt, weil er im wahrhaft religiös-ethischen Sinne „Freidenker" ist, die Auswüchse des fanatischen Freidenkertums, die, ebenso wie die Auswüchse fanatischer „Rechtgläubigkeit", zu allen Zeiten die Sache mit der Person zu verwechseln, in dem Vertreter einer abweichenden, gegnerischen Glaubensmeinung einen persönlichen Gegner und Widersacher zu wittern geneigt sind.

Lessing läßt in seiner dramatischen Jugenddichtung den argwöhnischen und mißtrauischen Freigeist schließlich doch zur besseren Einsicht kommen. Dieser erkennt in Theophan — dem Schwarzrock — seinen treuen, aufopfernden Freund. Das die Menschen Verbindende überwindet das, was sie trennt. Das Vorurteil weicht zurück vor der Macht der siegreichen Humanitätsidee.

Die von Lessing im „Freigeist" gegeißelte ungerechte Art des Generalisierens, die großenteils in Urteilslosigkeit, oft aber auch in böswilligem Vorurteil ihre Quelle hat, hat kaum eine Menschenklasse in dem Grade und in so kränkender Weise zu erfahren gehabt, wie die Juden. Den Kampf gegen das Jahrtausende alte Vorurteil, unter dem die Juden zu leiden haben, gegen die Generalisierungssucht, die, was ein Jude verschuldet, allen Juden zur Last legt und keinen von ihnen einer edlen Gesinnung und Tat für fähig hält, den Kampf gegen dieses bittere und schwere Unrecht führt uns Lessing in der dritten dramatischen Tendenzdichtung seiner Jugendzeit vor — in dem Lustspiel „Die Juden". Auch hier wird Vorurteil durch Humanität, Intoleranz und Voreingenommenheit durch Edelsinn und Nächstenliebe entwaffnet und überwunden. Der edle „Reisende" — der Jude — weist alle ihm vom Baron für die Lebensrettung angebotene materielle Erkenntlichkeit zurück und bittet „zu aller Vergeltung nichts anderes, als daß er — der Baron — künftig von seinem Volke etwas gelinder und weniger allgemein urteile". Beide scheiden von einander mit den Worten des Barons an den Reisenden: „O, wie achtungswürdig wären die Juden, wenn sie alle Ihnen glichen!" und mit der Erwiderung des Reisenden: „Und wie liebenswürdig die Christen, wenn sie alle Ihre Eigenschaften besäßen!" Diese Schlußworte des Jugendlustspiels erinnern durch ihre antithetische Form an die Stelle im „Nathan", an der auf des Klosterbruders Ausruf: „Nathan, Ihr seid ein Christ!" von Nathan mit den Worten erwidert wird: „Was mich Euch zum Christen macht, das macht Euch mir zum Juden!" Die Ähnlichkeit beider Stellen ist freilich nur eine äußerliche, wie die ganze Jugenddichtung, die man oft als Vorläuferin des „Nathan" bezeichnet hat, nur als eine sehr bescheidene Vorstufe zu der letzten und reifsten Frucht Lessingschen Geistes, zu dem „Testamente" des Kämpfers für Humanität und Menschenliebe gelten kann. Allein daß beide, die Jugenddichtung und die letzte Schöpfung des Alters philosophischer Reife eins sind in der Art der Bekämpfung von religiösen und

Stammesvorurteilen, daß in beiden, bei allem Abstande hinsichtlich der Tiefe des behandelten Problems, der Kampf zum Siege der Menschenliebe über Vorurteil, zur Überwindung des die Menschen Spaltenden und Zerklüftenden durch das ihnen Gemeinsame und sie Verbindende führt, zeugt für den von frühester Jugend bis zum Lebensende Lessing eigenen ethischen Optimismus, für seinen niemals wankenden, unerschütterten Glauben an die sittliche Vervollkommungsfähigkeit des Menschen, als deren Apostel wir ihn auch in seinen Prosaschriften, besonders in der „Erziehung des Menschengeschlechts" auftreten sehen. Dieser ethische Optimismus, dieser feste Glaube an den Sieg der sittlichen Natur des Menschen über Vorurteil und Intoleranz wird es nicht zum wenigsten gewesen sein, was den dem Boden des optimistisch-ethischen Ideenkreises des Judentums entsprossenen und zeitlebens in ihm festwurzelnden Denker Moses Mendelssohn mit so hinreißender Gewalt zu Lessing hinzog und ihn in dessen inniger Freundschaft die tiefste Beseligung finden ließ.

Die beiden der „Rettung der Juden" gewidmeten Dichtungen Lessings, die, gleich mehrfachen von ihm verfaßten „Rettungen" seinem uneingeschränkten Toleranzgedanken entsprossen sind, gehören zwar, der Zeit ihrer Vollendung nach, den äußerst entfernten Grenzen seiner schriftstellerischen Tätigkeit, der früheren Jugendperiode und dem Lebensende, an. Der ersten Konzeption nach aber liegen, wie Lessing selbst sagt, die ältesten Entwürfe zum „Nathan" der Zeit seines Jugendlustspiels nahe, da diese Entwürfe ebenso wie durch die Parabel von den drei Ringen in Boccacios Decamerone, auch durch die von Voltaire in seinem 1751 verfaßten „Essai sur les mœurs" gebotene „Rettung des Mohammedanismus und die Verherrlichung Saladins" mit angeregt worden sind. Dieser Zeitpunkt trifft auch mit dem des beginnenden Freundschaftsbundes mit Moses Mendelssohn zusammen, welcher Lessing bei der Zeichnung seines „Nathan" in mehreren bedeutsamen Zügen seines Charakters und seiner ganzen Persönlichkeit unzweifelhaft als Idealfigur vorgeschwebt hat.

Der Kampf für den Toleranzgedanken, die Überzeugung, daß der Wert des Menschen nicht nach seinen Glaubensmeinungen, sondern nach seinen Handlungen und seinem Charakter zu bemessen sei, beherrscht mit gleicher Stärke und Energie, aber in immer vertiefterer Weise alle theologischen und religionsphilosophischen Fragen gewidmeten Schriften Lessings von der frühen Jugendzeit bis zum Alter vollendeter Reife. Überall begegnen wir Lessing in den vordersten Reihen als Vorkämpfer für diejenige Lebens- und Weltanschauung, der das Ethische in der Religion als das Wesentliche und Bleibende, das Dogmatische als nebensächlich und vergänglich gilt. Auch bei Lessing, wiewohl er nie Systembildner im Sinne einer philosophischen Schule gewesen ist, und auch nach der ganzen Anlage seiner Geistesindividualität es nicht sein konnte, kann von einem „Primat der praktischen Vernunft" vor der „theoretischen" gesprochen werden. „Der Mensch ward zum Tun, nicht zum Vernünfteln erschaffen." Für Lessing liegt in der „Vita activa" — in der sittlichen Betätigung — nicht in der „Vita contemplativa" — in beschaulicher Betrachtung und im grübelnden Denken — das Endziel des Menschenlebens. Diese Anschauung ist eine der Hauptquellen seiner umfassenden Toleranz, seiner Achtung vor der menschlichen Individualität, sofern sie eine sittliche Persönlichkeit ist. Dieser Quelle entströmen seine „Rettungen", daraus ist es zu erklären, daß er, im Unterschiede von einem Bayle und Voltaire, fremden, ihm selbst ganz fernliegenden Glaubensanschauungen gegenüber nicht immer verneinend und abweisend, sondern, sofern sie mit aufrichtiger Überzeugungstreue, ohne in Halbheit zu verfallen oder gegen Andersdenkende intolerant zu sein, ihre Ansicht vertreten, oft auch anerkennend und mit Achtung begegnet. In dem Fragmente „Gedanken über die Herrnhuter" nimmt er diese Sekte gegen Angriffe von Theologen in Schutz, wiewohl Herrnhutsche Schwärmerei zu seiner eigenen Religionsauffassung in schroffem Gegensatze steht. Ebenso nimmt er in dem von mancherlei Seite gegen verschiedene andere religiöse Sekten geführten Kampfe oft für diese Partei, weil er die Sucht der „Gleichmacherei" in der Religion und das Streben, womöglich auf künstlichem Wege eine „einheitliche" Religion herzustellen, als etwas Unnatürliches und dem Prinzip der individuellen Freiheit Widersprechendes verwirft. Nur durch das sittliche Band, das Band der Humanität, der „von Vorurteilen freien" Betätigung der Menschenliebe sollen Alle zu einer Einheit verknüpft werden. In theoretischen Lehr- und Glaubensmeinungen mögen die Menschen sich unterscheiden, mögen sie mancherlei Irrwege betreten und durchwandern, bis „die richtende Zeit sie erleuchtet". Die Richtung des Geistes und des Herzens auf das Ethische — auf die sittliche Betätigung — ist das Hauptziel des Menschendaseins. Darum gelten Lessing diejenigen als die vortrefflichsten Lehrer der Menschheit in Philosophie und Religion, die wie Sokrates und Jesus — fügen wir hinzu wie Moses — Geist und Herz des Menschen auf die sittliche Tat hinlenken. Wir fügten — unzweifelhaft nicht gegen den Sinn Lessings — „Moses" hinzu. Verkündet doch schon dieser Religionsstifter und Gesetzgeber im Namen Gottes: „Die Lehre, die ich dir gebiete, ist nicht im Himmel und nicht jenseits des Meeres; sie liegt dir nahe, sie ist in Deinem Munde und in Deinem Herzen, auf daß Du sie **betätigest**." (Deuteron. 30, 11—14).

Daß sittliche Gesinnung und ihr gemäße sittliche Betätigung das alleinige Band ist, welches die durch Verschiedenheit des Volkstums, der Religionen, der Staaten und ihrer Verfassungen, der Stände und ihrer sich kreuzenden Interessen gesonderten Menschen dereinst einander anzunähern und zu einen bestimmt ist, bildet auch den Grundgedanken der „Ernst und Falk, Gespräche über Freimaurer" betitelten Abhandlung Lessings, welche seiner letzten Wolfenbüttler Periode angehört. „Gäbe es doch in jedem Staate Männer," heißt es im zweiten Gespräche, „die über die Vorurteile der Völkerschaft hinweg wären und genau wüßten, wo Patriotismus Tugend zu sein aufhört, die dem Vorurteile ihrer angeborenen Religion nicht unterlägen, die bürgerliche Hoheit nicht blendet und bürgerliche Geringfügigkeit nicht ekelt, in deren Gesellschaft der Hohe sich gern herabläßt und der Geringe sich dreist erhebt". Diesen Wunsch stellt Falk seinem Freunde Ernst als einen in der Freimaurerei verwirklichten dar, wodurch dieser sich bewogen fühlt, in die Freimaurerloge einzutreten. Aber groß ist die Enttäuschung des jungen Adepten, da er bald die Wahrnehmung machen muß, daß die ihm als Grundgesetz der Freimaurer geschilderte Überbrückung der ständischen und religiösen Gegensätze bei ihnen nicht anzutreffen ist, daß statt des erhofften einigenden Bandes dort, ebenso wie sonst in der menschlichen Gesellschaft, das Trennende nach nationaler, ständischer und religiöser Zugehörigkeit vorherrscht, daß „ein aufgeklärter Jude in den Bund nicht aufgenommen wird, da das proklamierte „ohne Unterschied der Religion" nur bedeute: „Ohne Unterschied der drei öffentlich geduldeten (christlichen) Religionen". Ebenso erfährt er, daß dort, wie sonst überall, eine Ausmusterung nach Ständen stattfindet. Auch dort heißt es: „Wir sind unter uns so gute Gesellschaft, Prinzen, Grafen, Herren von, Offiziere, Räte, Kaufleute, Künstler." „Ein Schuster, und wäre er auch ein Jakob Böhme oder ein Hans Sachs, ein Dienstbote, und wäre er auch der Tugendhaftesten einer," ist von vornherein aus diesem ständisch abgeschlossenen Kreise ausgeschlossen. Die Erkenntnis, daß auch diese Vergesellschaftung von Menschen, welche ideale Ziele der Humanität auf ihren Schild geschrieben hat, religiösen und ständischen Vorurteilen unterworfen ist, enttäuscht den jungen Adepten und wirkt ernüchternd auf seinen älteren Freund. Dieser findet, da er die Idee der Freimaurerei hochschätzt, die gegenwärtige Ausgestaltung des Logenwesens aber als eine unter Vorurteilen stehende, jener Idee widersprechende mißbilligt, nur e i n e n Ausweg in der Erklärung, daß „zwischen Loge und Freimaurerei scharf unterschieden werden müsse. Jene verhalte sich zu dieser wie Kirche zum Glauben. Auch Kirche und Glaube hätten sich noch nie vertragen; eins habe das andere, wie die Geschichte lehre, immer zugrunde gerichtet". Den Schluss des vierten Gesprächs bilden die Worte des älteren Freundes: „Vielleicht soll dieses eben der Weg sein, den die Vorsicht aussersehen, dem ganzen jetzigen Schema, der H ü l l e, E i n k l e i d u n g der Freimaurerei ein Ende zu machen." Wann, fragt man sich, wird die Hülle — die Schale — gesprengt werden, damit das Wesen und der Kern desto reiner hervortrete? Wann wird dies in bezug auf den Kampf zwischen Kirche und Glauben, zwischen durch dogmatische Schranken eingeengten positiven Religionen und der auf reine Gottesliebe, vorurteilslose allumfassende Menschenliebe hinsteuernden Vernunftreligion der Fall sein? Daß dieser Kampf dereinst enden wird, und daß er zugunsten der reinen Vernunftreligion enden muß, davon ist Lessing fest überzeugt. Die Entscheidung über das „Wann" muß der in der Geschichte waltenden Vorsehung überlassen werden.

Der Kampf für „natürliche" oder „Vernunftreligion" gegen „geoffenbarte" Religion ist in der einerseits durch den englischen Deismus, andererseits durch die Leibniz-Wolffsche Philosophie stark beeinflußten deutschen Aufklärungsperiode des 18. Jahrhunderts mit Schärfe und Energie geführt worden. Am schärfsten und rücksichtslosesten bekämpft alle „geoffenbarte" Religion Herm. Sam. Reimarus in seiner zunächst nicht veröffentlichten „Schutzschrift für die vernünftigen Verehrer Gottes", von der Bruchstücke unter dem Titel „Wolfenbüttler Fragmente" später von Lessing herausgegeben wurden. Wie schon der Name „Apologie oder Schutzschrift" zeigt, sollte diese Schrift eine Abwehr sein, eine Abwehr gehässiger und unduldsamer Angriffe der Orthodoxie gegen Freidenker und gegen die die biblischen Überlieferungen rationalistisch auffassenden Theologen. Erklärt sich aber auch aus der gerechten Entrüstung über orthodoxe Intoleranz manche Schärfe des Tones in den Reimarusschen Fragmenten, so ist gleichwohl des Reimarus Auffassung von biblischen Personen, Erzählungen, Sagen und Satzungen mit dem schweren Mangel an historischer Kritik behaftet, ein Mangel, den er mit nicht wenigen anderen Männern der Aufklärungsperiode teilt. Bleibt es einerseits eine verdienstvolle Tat des Reimarus, nachgewiesen zu haben, daß die christologische Deutung alttestamentlicher Stellen falsch sei, so zeugt es andererseits von einer gegen den Geist historischer Kritik schwer verstoßenden Betrachtungsweise, wenn Reimarus Priester und Propheten in einen Topf wirft und sie alle samt und sonders sowie die Evangelisten und Apostel für Betrüger erklärt, wenn er, mit völliger Nichtbeachtung des sozialethischen Moments der Mosaischen Sabbatinstitution, diese als ein Gebot „nur leiblicher Ruhe" abfällig beurteilt. Dadurch verfällt Reimarus, wie Guhrauer mit Recht behauptet, oft in den Fehler der von ihm bekämpften Gegner, in eine Objektivität vermissen lassende, von spöttischer Frivolität nicht freie Art, zu urteilen und zu verurteilen. Wenn, wie Strauß in seiner Schrift über „Reimarus' Schutzschrift" behauptet, Lessing den Standpunkt des Reimarus in dessen „Apologie für die vernünftigen Verehrer Gottes" in Schutz nimmt, so kann dies nur soviel bedeuten, daß Lessing ebenso wie Reimarus die „geoffenbarte" Religion als die Lehre von einer „Verbalinspiration" bekämpft, daß er den „theologischen Feldzug" gegen alles Dogmatische in der Religion und gegen die daraus sich ergebende Intoleranz und Beschränkung der Denk- und Glaubensfreiheit mitzumachen und unerschrocken fortzusetzen entschlossen ist. Daß er aber andererseits der unhistorischen und unkritischen Auffassung des Reimarus von biblischen Personen und Erzählungen nicht folgt und nicht folgen kann, dafür bürgt die unbestochene Objektivität seines Urteils, dafür bürgt sein genial-kritischer Sinn, dafür bürgt vor allem auch der Umstand, daß Lessing nicht nur ein Denker, sondern auch ein Dichter ist, der, im Gegensatz zu Reimarus und anderen Männern der Aufklärung, den „Anteil der dichtenden Phantasie und des Gemüts an der alten Religionsbildung" zu würdigen versteht. Und daß Lessing, bei aller Entschiedenheit, mit der er gegen alles durch Dogmen und Außenwerke die Menschen Trennende für das sie Verbindende, rein Ethische, bei aller Entschiedenheit, mit der er gegen Intoleranz für Duldung und Humanität kämpft, gleichwohl den Wert und die Bedeutung der

„Offenbarung", wie er sie auffaßt, für die religiös-sittliche Vervollkommung der Menschheit zu schätzen versteht, dafür bedarf es nur eines Hinweises auf seine „Erziehung des Menschengeschlechts". „Was die Erziehung bei den einzelnen Menschen ist, ist die Offenbarung bei dem ganzen Menschengeschlechte." Wie beim Einzelnen „Erziehung", so bedeutet beim Menschengeschlechte „Offenbarung" nicht von außen ihm zuteil gewordene Enthüllungen, sondern Entwicklung der im Innern schlummernden Anlagen und Kräfte. Die nacheinander dem Menschengeschlechte zuteil gewordenen „Offenbarungen" sind nichts anderes als die nach einem „göttlichen Erziehungsplane" vom Menschengeschlechte erreichten Stufen religiös-sittlicher Entwicklung und Vervollkommnung. In diesem „pädagogischen" Sinne gefaßt, bildet „geoffenbarte" Religion durchaus keinen Gegensatz zur „Vernunftreligion". „Die Offenbarung leitet die Vernunft, und die Vernunft erhellt die Offenbarung." Mit zunehmender Erkenntnis und sittlicher Einsicht läutert und vertieft sich der Gottesbegriff, veredeln sich die Motive der menschlichen Handlungen, die allein über ihren sittlichen Charakter entscheiden. Der Verheißung von Lohn und Strafe im diesseitigen Leben, wie sie das Elementarbuch der religiösen und moralischen Erziehung im Alten Testament enthält, folgt auf der zweiten Stufe — im Neuen Testament — die auf der Unsterblichkeitslehre beruhende Verheißung von der Belohnung in einem zukünftigen Leben. Aber auch auf dieser Stufe der „Offenbarung" — Erziehung, sittlichen Entwicklung — darf das Menschengeschlecht nicht stehen bleiben. Verheißung von Lohn und Strafe, gleichviel ob im diesseitigen Leben oder in einer zukünftigen Welt, entzieht dem Tun und Handeln des Menschen den Charakter des Moralischen, den es nur dann hat und haben kann, wenn der

Mensch das Gute tut, weil es das Gute ist, wenn er die Tugend um ihrer selbst willen übt. Diese höhere Stufe reinerer Sittlichkeit wird, nach Lessings Ansicht, durch ein „neues ewiges Evangelium" verkündet und vorbereitet werden. Von diesem „neuen Evangelium" werden die „Elementarbücher" des Alten und des Neuen Testaments überboten, die alten „Offenbarungen" werden von einer neuen höheren „Offenbarung" übertroffen werden, das Menschengeschlecht wird, nach dem weisen „göttlichen Erziehungsplane", zur „Vernunftreligion" und zu einer vollkommenen Sittlichkeit „erzogen" werden, um die Tugend, ohne jede Rücksicht auf Lohn und Strafe, nur um ihrer selbst willen zu üben, um einer „von Vorurteilen freien Menschenliebe nachzueifern" und die Ideen der Toleranz und der Humanität zu verwirklichen. Dieses „neue Evangelium" Lessings berührt sich nahe mit dem Messianischen Ideal der israelitischen Propheten. Es entspricht der religiös-ethischen Anschauung des Propheten Micha, der alle Gebote der Religion in die Worte zusammenfaßt: „Gott hat dir, o Mensch, verkündet, was gut ist, und was der Ewige von dir verlangt, nichts anderes als Recht üben, die Tugend lieben und in sittlicher Scheu einherwandeln mit deinem Gott." Wer sollte aber nicht auch in der von Lessing dem „dritten Evangelium" verheißenen reinen Moral- und Tugendlehre, die alle Gunstbuhlerei vor Gott, alle Dienstbarkeit um Lohn aus ihrem Bereiche abweist, eine Vorahnung der Kantischen Ethik erblicken, in der zuerst die „Autonomie der reinen praktischen Vernunft", des reinen sittlichen Menschenwillens systematisch begründet worden ist? Es ist kein bloßer Zufall, daß des genialen Neubildners der deutschen Literatur, des genialen, ästhetischen und religionsphilosophischen Kritikers „Erziehung des Menschengeschlechts" von der, wie die gesamte Weltanschauung, so insbesondere auch die moralische Lebensauffassung von Grund aus umgestaltenden und neuaufbauenden Schöpfung des genialen „Vernunftkritikers" nur durch eine sehr kurze Spanne Zeit getrennt wird.

Es ist leicht einzusehen, daß und warum die in seinem vorletzten Lebensjahre von Lessing veröffentlichte „Erziehung des Menschengeschlechts" bei den Vertretern der Orthodoxie auf heftigen Widerspruch stoßen mußte. Hebt schon die Auffassung der „Offenbarung" als allmählicher Entwicklung den Charakter der „Offenbarung" als einer Verbalinspiration auf, so wird durch die Verheißung eines „neuen dritten Evangeliums" den Büchern des „Alten und Neuen Bundes" der Charakter unantastbarer Autorität, wird insbesondere dem Christentum der Charakter der „absoluten", unwandelbaren Religion genommen. Das bedeutet einen entschiedenen Bruch mit den Hauptdogmen der Kirche, einen vielleicht noch entschiedeneren Bruch, als er in den vorangegangenen Jahren durch die Veröffentlichung der „Wolfenbüttler Fragmente" vollzogen war. Die Veröffentlichung der Fragmente eines „Ungenannten" hatte die Schale zorniger Entrüstung des Hauptpastors Goeze in Hamburg über Lessing als Herausgeber sich ergiessen lassen, über Lessing, der schon früher in den verfolgungssüchtigen Kampf dieses Vertreters blinder Rechtgläubigkeit gegen Alberti und den Pädagogen Basedow zum Schutze dieser Männer eingegriffen hatte. In seiner von blindem Fanatismus aufgestachelten Entrüstung indentifiziert der Hamburger Hauptpastor in allen Punkten den Standpunkt der von Lessing veröffentlichten Fragmente mit Lessings eigenem Standpunkte, was, wie schon oben dargelegt worden ist, durchaus nicht der Wahrheit entspricht und durch Lessings ausdrückliche Verwahrung widerlegt wird. „Ich habe nirgends gesagt," heißt es im siebenten Beitrage, „daß ich die ganze Sache meines Ungenannten, völlig so wie sie liegt, für gut und wahr halte, vielmehr habe ich gerade das Gegenteil gesagt. Ich habe gesagt und erwiesen, daß, wenn der Ungenannte auch noch in so viel einzelnen Punkten recht habe und recht behalte, im ganzen dennoch daraus nicht folge, was er daraus folgern zu wollen scheine."

Die heftigen Angriffe Goezes gegen Lessing, den Herausgeber der „Fragmente", riefen die unter dem Namen „Anti-Goeze" bekannten Streitschriften Lessings hervor, die, wie sie den Hamburger Hauptpastor als verfolgungssüchtigen, die Hilfe der Staatsgewalt und der Polizei gegen die „Ketzer" anrufenden Vertreter starrer „Rechtgläubigkeit" niedergeworfen, ebenso Lessing für alle Zeit ein bleibendes Denkmal in dem immer von neuem sich wiederholenden Kampfe gegen den ganzen „Typus" unduldsamer Fanatiker errichtet und zur neuzeitlichen Entwicklung der kritisch-theologischen Wissenschaft einen mächtigen Anstoß gegeben haben.

Der zeitlebens unermüdliche Kämpfer für Toleranz und Humanität hat in diesem glorreichen Kampfe nicht nur als streitbarer Denker, sondern auch als versöhnender Dichter die Siegespalme errungen. „Nathan der Weise" wird als klassischer Preisgesang des Toleranzgedankens und der Humanitätsidee zu allen Zeiten bewundert werden und Lessing den unvergänglichen Ruhmestitel eines Friedensapostels der Menschheit sichern. Die ersten Entwürfe zum „Nathan" reichen, wie schon oben erwähnt wurde, bis in die frühe Jugendzeit Lessings zurück. Das Problem des „Widerstreits der Religionen", das Streben, in diesem Widerstreit das ihnen allen Gemeinsame, den ethischen Kern herauszufinden und von den unterscheidenden äußeren Schalen loszulösen, das daraus erwachsene Verlangen, die in ihrer äußeren Machtsphäre schwächeren der mächtigeren gegenüber in Schutz zu nehmen, beschäftigte Lessing sein ganzes Leben hindurch. In der Verteidigung des Mohammedanismus durch Voltaire in seinem „Essai sur les moeurs" fand dieses Streben neue Anregung. In seiner „Rettung des Hieronymus Cardanus", des phantastisch-mystischen Religionsphilosophen des 16. Jahrhunderts, der von Scaliger mit Unrecht des Atheismus beschuldigt, in seiner Schrift „De subtilitate" das Christentum weit über die beiden anderen geoffenbarten Religionen stellt, nimmt sich Lessing der zu niedrig bewerteten Religionen, des Judentums und des Islam mit Wärme an.

Der „Widerstreit der Religionen im Nathan" spielt sich in Jerusalem, von wo einst das Wort des Ewigen ausgegangen, zur Zeit der blutigen Kreuzzüge ab, von denen Lessing an einer Stelle der Dramaturgie (7. Stück) sagt, sie seien „in ihrer Ausführung zu den unmenschlichsten Verfolgungen geworden, deren sich der christliche Aberglaube jemals schuldig gemacht hat". Auf diesem dereinst durch das „Gotteswort", das ein Wort des „ewigen Friedens" sein sollte, geweihten, durch die blutigen mittelalterlichen Glaubenskämpfe aber entweihten Boden führt uns Lessing Menschen vor, die, außer dem fanatischen schurkischen Patriarchen und der beschränkten Daja, alle, trotz der Verschiedenheit ihrer angeborenen Religion und mannigfacher durch diese erzeugten Vorurteile, für den Humanitätsgedanken, für den Gedanken, daß alle die Menschen trennenden Gegensätze dereinst durch die „von Vorurteilen freie allgemeine Menschenliebe" überbrückt werden sollen, nicht nur Verständnis, sondern auch eine in ihrer Gemütsanlage begründete Neigung haben.

Der Hauptvertreter, der Lehrer dieser Humanitätsidee, der sie den anderen für sie empfänglichen Personen der Dichtung zu klarem Bewußtsein bringt, ist der Titelheld des

Stückes — der Weise Nathan — der Jude Nathan —, für dessen mehrere Wesenszüge dem Dichter sein Geistes- und Gesinnungsfreund Moses Mendelssohns als Urbild gedient hat. Durch ruchlose Mörderhände fanatischer Christen seines Weibes und seiner sieben Söhne beraubt, richtet sich der seines Gegenwartsglückes und seiner Zukunftshoffnungen verlustige Jude Nathan an dem ihm von dem edlen Klosterbruder überbrachten Christenkinde auf, das er als sein eigen erzieht, und dem er alles, was er ist und hat, weihen will. Er hat großen Reichtum, er ist aber auch weise. Während er jenen zur Unterstützung aller Bedürftigen — ganz sonder Ansehen — Jud' und Christ und Muselmann und Parsi, alles ist ihm eins —, auch zur Beschwichtigung des über den geheimgehaltenen angestammten Glauben Rechas beunruhigten Gewissens der frommgläubigen, nichtsdestoweniger aber für Geschenke empfänglichen Daja in freigiebigster Weise verwendet, stellt er seinen weit köstlicheren Besitz — seine Weisheit — in den Dienst der Erziehung Rechas, die er zu einem von allen Dogmen und Außenwerken jeder positiven Religion freien, herzensreinen, gottergebenen, von allgemeiner Menschenliebe beseelten Wesen heranbilden will. Den in angestammten Vorurteilen seines Standes befangenen, mit dem generalisierenden Worte „Jud' ist Jude" über den ganzen jüdischen Stamm den Stab brechenden Tempelherrn, der aber mit unverkennbarer Neigung zum Freidenkertum, seine Verachtung des jüdischen Stolzes damit begründet, daß dieses „auserwählt" sich nennende Volk jenen Stolz „auf Christ und Muselmann vererbte, nur sein Gott sei der rechte Gott", den Tempelherrn, dem, „die fromme Raserei, diesen Gott der ganzen Welt als besten aufzudrängen", durch die Greuel der Kreuzzüge über alle „geoffenbarten" positiven Religionen „die Schuppen vom

Auge fallen" läßt, befreit Nathan von dem sein sonst edles Wesen entstellenden Vorurteil und läßt ihn bald, von des Weisen Persönlichkeit begeistert, die Worte ausrufen: „Nathan, ja; wir müssen, müssen Freunde werden." Auch nach der Spannung, die zwischen ihm und Nathan, infolge des von dem Tempelherrn nicht geahnten wahren Grundes der Bedenklichkeit Nathans, seiner Werbung um Recha stattzugeben, entstanden ist, auch nach seiner durch das überwallende Liebesgefühl veranlaßten Verirrung, die ihn zum Patriarchen hat gehen und diesem das gefährliche „Problema" hat vortragen lassen, erkennt der Tempelherr, daß „Rechas wahrer Vater, trotz dem Christen, der sie zeugte, in Ewigkeit der Jude bleibt, daß ihm (dem Tempelherrn) an Recha nichts gefiele, ohne alles das, „was allein ihr so ein Jude geben konnte". Die Umwandlung des anfänglichen: „Jud' ist Jude" in den Gedanken „was ihr so ein Jude geben konnte" im Munde des christlichen Ritters ist das Werk der in der Persönlichkeit Nathans verkörperten Humanitätsidee, vor deren Macht Glaubens- und Stammesvorurteile, und seien sie noch so stark, zurückweichen müssen.

Bekundet sich die in Nathans Person verlebendigte Humanitätsidee dem christlichen Hauptvertreter in der dramatischen Dichtung — dem Tempelherrn — gegenüber als erfolg- und siegreiche Befreierin von angestammten Vorurteilen, so wird sie in der Szene des dritten Aufzuges, die den Mittelpunkt des Stückes bildet, dem Vertreter des Mohammedanismus — dem Saladin — gegenüber als Kern und Wesen aller Religion zur Darstellung gebracht. Bei dem von Lessing idealisierten Saladin bedarf es keiner Widerlegung von religiösen Vorurteilen. Dieser ist über solche Vorurteile erhaben. Sein schonungsloses Verfahren gegen die Tempelritter hat seinen Grund nicht in religiösem Fanatismus, sondern in einer politischen Machtfrage, die ihn zur Vernichtung dieser erbitterten und gefährlichen Feinde des Sarazenenreiches antreibt. Daß ihm in religiösen Dingen der Toleranzgedanke nicht fremd ist, bekundet er mehrfach. Keinerlei religiöse Bedenken hindern ihn, von dem Glücke einer Vermählung seines Bruders mit Richard Löwenherz' Schwester zu träumen, ein Traum, den seine ebenso tolerante, aber weit mehr Menschenkenntnis und Weltkenntnis besitzende Schwester Sittah als einen vergeblichen und unerfüllbaren bezeichnet. Er bittet den Tempelherrn, in dem er, von treuen verwandtschaftlichen Gefühlen überwältigt, seines Bruders Assad Abbild erkennt, bei ihm zu bleiben, ob „als Christ, als Muselmann, gleichviel!" Denn, er „habe nie verlangt, daß allen Bäumen eine Rinde wachse".

Der von Lessing idealisierte Saladin hat ein inneres Interesse an religiösen Fragen, die er weit lieber friedlich und mit Gründen erörtert, als, wie es tatsächlich geschieht, auf blutigen Schlachtfeldern ausgefochten sehen möchte. Die Unterredung mit Nathan über die Frage, welche der drei Religionen die wahre sei, als Falle zu gebrauchen, um seiner und seines Vaters Finanznot abzuhelfen, ist nicht ein seinem Kopfe entstammter Plan, vielmehr ist dieser Plan von seiner weltklugen Schwester Sittah ihm eingegeben worden.

In der dem Saladin auf seine Frage nach der „wahren Religion" von Nathan gegebenen Antwort entwirft Lessing im Anschluß an die Boccaccios Decamerone entnommene Fabel von den „drei Ringen" in bildlich poetischer Form denselben Gedanken, den er in seinen theologischen und religionsphilosophischen Schriften begrifflich erörtert hat. Die „geoffenbarten" Religionen sind Entwicklungsstufen des religiösen Bewußtseins der Menschheit. Eine jede von ihnen ist der

Ausdruck der Gesittung, der Auffassung von Gott und Welt, die verschiedene Völker zu bestimmten Zeiten gehabt haben. Es ist, um hier ein Wort Goethes zu brauchen, „der Völker löblicher Gebrauch, daß jeglicher das Beste, was er kennt, er Gott, ja seinen Gott benennt". Alle positiven Religionen „gründen sich auf Geschichte, und Geschichte muß allein auf Treu und Glauben angenommen werden". Als auf Treu und Glauben von den Vätern übernommene Überlieferung hat eine jede der Religionen ihre relative historische Wahrheit, und es ist sowohl psychologisch begreiflich, wie ethisch durchaus gerechtfertigt, daß jeder „der Seinen Treu und Glauben, die ihm von Kindheit an Proben ihrer Liebe gegeben, am wenigsten in Zweifel zieht". Nach Seiten ihrer geschichtlichen Begründung ist daher die Entscheidung der Frage, welche der drei „geoffenbarten" Religionen die wahre sei, unmöglich, ebenso unmöglich, wie die Entscheidung darüber, welcher von den drei Ringen der echte sei, die der allen seinen drei Söhnen mit gleicher Liebe ergebene Vater einst durch Künstlerhand einander so ähnlich hat verfertigen lassen, daß sie hinsichtlich der Echtheit nicht zu unterscheiden wären. Die Probe der Wahrheit, nicht der relativen, „auf Treu und Glauben angenommenen", sondern der absoluten inneren Wahrheit der Religion, liegt allein im Ethischen, in der sittlichen Kraft ihrer Bekenner, die diese durch „unbestochene, von Vorurteilen freie Menschenliebe", durch Selbstüberwindung, uneigennützige Opferfreudigkeit, durch Toleranz, die gerechte und sanftmütige Tochter der Humanitätsidee, zu bekunden haben, ebenso wie die Probe der Echtheit des Ringes in der Fabel — und darin liegt die Idealisierung, die Lessing der von Boccaccio übernommenen Fabel verliehen hat — in der geheimen „Wunderkraft" besteht, „beliebt zu machen, vor Gott und

Menschen angenehm". Solange die Steine diese innere Kraft nicht bewähren, solange jeder der drei Ringbesitzer sich selbst mehr liebt als die anderen, und um seine Macht, seinen Vorrang kämpfend, die anderen befehdet, verrät er dadurch die Unechtheit seines Ringes. Ebenso bekunden die Bekenner der drei „geoffenbarten" Religionen, solange sie, gegeneinander unduldsam, um Vormacht und Vorherrschaft kämpfen und die innere Kraft der Religion, die allein in reiner sittlicher Gesinnung und ihrer Betätigung besteht, nicht durch Werke uneigennütziger allgemeiner Menschenliebe bewähren, daß sie nicht im Besitze der wahren Religion sind. Wie bei den Ringen der echte mit seiner geheimen Wunderkraft, ist auch bei den Religionen die wahre mit der ihr eigenen sittlichen Kraft, einen „ewigen Frieden", einen auf allgemeiner Menschenliebe beruhenden Bund der Völker herzustellen, verloren gegangen, und an ihre Stelle sind, äußerlich zwar dem verloren gegangenen Urbilde ähnlich scheinende, aber seiner inneren erlösenden Kraft entbehrende Nachbildungen getreten, die, je mehr eine jede von ihnen dem Urbilde zu gleichen wähnt und intolerant die anderen zurückzudrängen sucht, desto mehr von dem Urbilde der wahren Religion sich entfernen und dem zu begründenden Gottesreiche auf Erden hemmend entgegenwirken. Allen diesen Hemmnissen zum Trotz aber sieht die erlösungsbedürftige Menschheit diesem auf reiner lauterer Sittlichkeit, auf Humanität und uneingeschränkter Menschenliebe beruhenden Gottesreiche hoffnungsvoll entgegen, wie es die großen Propheten in ihrem messianischen Zukunftsideal und ebenso Lessing in seinem „dritten Evangelium" in unerschütterlichem Vertrauen auf die sittliche Vervollkommnungsfähigkeit der Menschheit so zuversichtlich verheißen haben.

Lessing schlingt in seiner Dichtung um die Hauptvertreter der drei geoffenbarten Religionen ein festes inniges Band leiblicher, geistiger und sittlicher Zusammengehörigkeit. Die vom Juden Nathan erzogene Recha — das vermeintliche Judenmädchen — erweist sich als leibliche Schwester des christlichen Ritters; beide sind Kinder des Christ gewordenen Muselmans Assad und Geschwisterkinder Saladins. Der Jude Nathan ist mehr als der leibliche Vater Rechas, er ist ihr geistiger und sittlicher Bildner, er „bleibt", nach dem treffenden Ausspruche des Tempelherrn, „trotz dem Christen, der sie gezeugt, in Ewigkeit ihr Vater". Der Jude Nathan überwindet das Vorurteil und die Verachtung des Tempelherrn gegen die Juden durch die Humanitätsidee, durch die er selbst alle Empfindungen bitteren Hasses einst überwunden hat gegen Fanatiker, die ihm das Teuerste, das er besessen, unbarmherzig entrissen haben. Nathan ist es, der den toleranten, menschenfreundlichen Sultan über das wahre Wesen der Religion, über die Vernunftreligion der Humanität und Menschenliebe, über den „Gott der Ethik" belehrt. Nathans reiner hoher Persönlichkeit schmiegen sich mit unlösbaren Banden der entsagungsvolle, bedürfnislose und weltflüchtige Al-Hafi und der edle Klosterbruder in seiner frommen Einfalt an. So schließt Lessing durch sein letztes Dicht- und Lebenswerk die Kämpfe, die er im „Widerstreit der Religionen" für Vernunftreligion und Toleranz gegen dogmatische Unduldsamkeit und Verfolgungssucht oft bitter geführt, durch versöhnende Verbrüderung von Zugehörigen verschiedener positiver Religionen ab. Man hat darin mit Recht ein Symbol zu erblicken geglaubt für die von Lessing erhoffte dereinstige sittliche Verbrüderung der Menschen und der Völker unter der Herrschaft der obsiegenden Humanitätsidee.

Nächst Lessing nimmt Moses Mendelssohn in der deutschen Aufklärungsperiode des 18. Jahrhunderts eine führende Stellung ein. Beide Denker, unter verschiedenen und doch nach Seiten schlichter Frömmigkeit ähnlichen häuslichen Eindrücken geboren und erzogen, deren in früher Jugend geschlossener inniger Freundschaftsbund für die deutsche Literatur und die humanitären Bestrebungen jener großen Zeit stets denkwürdig bleiben wird, geben sich schon früh dem Studium des Lockeschen Empirismus mit Eifer hin und lassen dabei die von Christian Wolff in ein System gebrachten rationalistischen spekulativen Leibnizschen Ideen auf ihr Denken und ihre Weltauffassung stark einwirken. Beide sind Eklektiker im besten Sinne dieses Wortes. Sie machen sich aus verschiedenen systematischen Denkrichtungen das zu eigen, was sie für das als ihre höchste Aufgabe erkannte Ziel fruchtbar verwenden zu können glauben. Dieses Ziel ist für beide die praktisch-ethische Einwirkung auf weite Kreise des Volkes, die Arbeit an der Aufklärung über die höchsten Fragen der Religion und Ethik, über Gott, Tugend, Freiheit und Unsterblichkeit. Während aber Lessing, vermöge seines genial-kritischen Geistes, durch den er zum Neubegründer der deutschen Literatur geworden ist, auch auf dem Gebiete der religiösen Aufklärungsarbeit einen für jene Zeit ungewöhnlichen kritisch-historischen Sinn bekundet und dem Gesetze der Entwicklung, welches nach dem Grundprinzip der Leibnizschen Philosophie ausnahmslos gelten muß, auch auf dem Gebiete der Religion volle Geltung einräumt, bleibt Mendelssohn — und hierin liegt ein gewisser Widerspruch mit der tief eingreifenden Entwicklungsarbeit, die er selbst in religiöser und kultureller Hinsicht am Judentum und seinen Bekennern praktisch vollbracht hat — theoretisch an die „natürliche Theologie" Wolffs gebunden und teilt mit den Wolffianern und den meisten anderen Aufklärungsvertretern seiner Zeit einen gewissen Mangel an historisch-kritischem Sinn und an der Erkenntnis der Bedeutung des Entwicklungsgesetzes in der Religionsgeschichte. Daraus ist zu erklären, daß er an einer Stelle seines trefflichsten Werkes: „Jerusalem oder über religiöse Macht und Judentum" (Jerusalem, Nationalausgabe Bd. I, 2. Abschnitt, S. 260) sagt: „Ich für meinen Teil habe keinen Begriff von der Erziehung des Menschengeschlechts, die sich mein verewigter Freund Lessing von, ich weiß nicht, welchem Geschichtsforscher der Menschheit hat einbilden lassen." „Eine Fortentwicklung," fährt er fort, „findet nur beim einzelnen Menschen statt. Daß das Ganze der Menschheit hinieden in der Folge der Zeiten immer vorwärts rücken soll und sich vervollkommnen soll," scheine ihm „der Zweck der Vorsehung nicht gewesen zu sein". Daß Mendelssohn von Lessings, seines mit Geist und Herz ihm so innig verbundenen Freundes „Erziehung des Menschengeschlechts" sich „keinen Begriff" habe machen können, daß er seinem von ihm so hochgeschätzten Freunde es habe zumuten können, daß er die Idee von einer fortschreitenden Entwicklung der Menschheit „sich von jemand habe einbilden lassen", beweist, daß er, bei aller Innigkeit des geistigen Verkehrs mit seinem genialen Freunde, trotz der engen Bande, die ihn mit Lessing in ständigem Gedankenaustausch und in gemeinsamer Arbeit an bedeutsamen Aufgaben der Literatur, Ästhetik, Religionsphilosophie und Aufklärung verknüpften, in manche tiefe Falte des Lessingschen Geistes doch nicht einen vollen Einblick gewonnen hat.

Das Nichtbegreifen von Lessings „Erziehung des Menschengeschlechts" bei Mendelssohn dürfte, vermuten wir, mit darin seinen Grund gehabt haben, daß Lessing in seinem „göttlichen Erziehungsplane" den Mosaismus mit seiner

Lehre von diesseitigem Lohn und diesseitiger Strafe als „Elementarstufe" bezeichnet, die durch das Neue Testament mit seiner Unsterblichkeitslehre als einer höheren Stufe übertroffen worden sei, eine Annahme, die für Mendelssohn, der an der Unaufhebbarkeit und Unübertrefflichkeit der Sinaitischen Offenbarungslehre ebenso festgehalten hat, wie die positiv-gläubigen christlichen Theologen an der neutestamentlichen Lehre festhalten, unannehmbar war. Was er dabei in Erwägung zu ziehen unterließ, ist das, daß Lessing auch den Neuen Bund mit seiner Lehre von Lohn und Strafe in einem zukünftigen Leben für eine nur relativ höhere Stufe der Entwicklung erklärt hat, die auch ihrerseits überwunden werden und einem „dritten Evangelium" wird weichen müssen, das die Tugend nur um ihrer selbst willen, ohne jede Rücksicht auf Lohn und Strafe, zu üben gebietet, ein Evangelium, das, wie wir oben bereits erwähnt haben, mit dem messianischen Zukunftsideal der Israelitischen Propheten sich nahe berührt. Diese strenggläubige Auffassung der Mosaischen Offenbarungslehre wird, vermuten wir, eine der Hauptschranken gebildet haben, an denen das Verständnis Mendelssohns für seines großen Freundes „göttlichen Erziehungsplan der Menschheit" gescheitert ist.

Nach theoretisch-metaphysischer und religiös-theologischer Seite hin sehen wir demnach die Standpunkte Lessings und Mendelssohns durch scharfe Grenzen geschieden. Wenn sie aber trotz dieser ihre Auffassung metaphysischer Probleme und religiöser Glaubensfragen trennenden Grenzen — man denke hierbei auch an die maßlose Aufregung, in die der sonst so ruhige Denker Mendelssohn durch die von Fr. Heinr. Jacobi, allerdings mit nicht geringer Übertreibung, nach Lessings Tode verbreitete Nachricht, dieser sei Spinozist gewesen, versetzt worden ist — durch die innigsten Bande seelischer und geistiger Freundschaft miteinander verbunden waren, so war die Quelle und Wurzel dieser Freundschaft in erster Reihe die beiden gemeinsame sittliche Gesinnung, das beide beselende aufrichtige und reine Streben nach Wahrheit, das Verlangen, dieses Wahrheitsstreben in den Dienst ihrer Mitmenschen zu stellen und für den Toleranzgedanken, für Gewissensfreiheit und Humanität Schulter an Schulter zu kämpfen. Bot diese ihre auf sittlicher Seelengemeinschaft beruhende Freundschaft ein klassisches Beispiel für das alte „Idem velle, idem nolle, ea vera amicitia est", so wurden sie auch durch gemeinsame literarische Bestrebungen, durch gemeinsame Bekämpfung der die Literatur ihrer Zeit beherrschenden, von Friedrich dem Großen begünstigten französischen Geschmacksrichtung, durch die scharfe Opposition gegen die unter französischen Einflüssen stehende Berliner Akademie — eine Opposition, der sie durch die gemeinsam verfaßte Schrift „Pope ein Metaphysiker" kräftigen Ausdruck gegeben haben —, einander nahe geführt. Der Sohn des Dessauer jüdischen Elementarlehrers ward neben Lessing zum Befreier der deutschen Nationalliteratur von dem sie bedrückenden fremden Joche, Mendelssohn wurde „nächst Lessing zum besten deutschen Prosaschriftsteller vor Goethe" (Zeller, „Geschichte der neueren Philosophie seit Leibniz" II. Aufl. S. 274). Von Mendelssohns philosophischem Stil sagt Kant, er scheine ihm „der zuträglichste zu sein". „Frei von allem blendenden Scheine," sei er doch „elegant, scharfsinnig, sei er doch deutlich und eindringend. Wenn sich die Muse der Philosophie eine Sprache erkiesen sollte, so würde sie diese wählen"*).

---

*) Kant, Ges. Werke I, 390. Vgl. auch Kants Urteil über Mendelssohns Darstellungsgabe in der Rezension von Mendelssohns „Morgenstunden" in der Jenaer Literaturzeitung vom Januar 1786.

Wenn man Mendelssohn den modernen Sokrates, „den Sokrates der Wolffschen Schule" genannt hat, so knüpft sich zwar diese Benennung zunächst an seinen „Phädon", die Nachbildung des gleichnamigen platonischen Dialoges, sie trifft aber im weiteren Sinne auf die ganze Richtung seines Denkens und Strebens zu, die er mit seinem Freunde Lessing gemein hatte. Für ihn war, wie für Lessing, der Mensch das Hauptproblem aller Erkenntnis, die Selbsterkenntnis, die auf ihr sich gründende Menschenbildung und Aufklärung der Ausgangs- und Zielpunkt alles Strebens. In diesem Sinne war Mendelssohn der „Popularphilosoph" des 18. Jahrhunderts. In diesem Sinne gilt auch von ihm das vom Athenischen Sokrates verkündete Wort, er habe „die Philosophie vom Himmel auf die Erde gebracht und habe ihr in den Häusern und Wohnsitzen der Menschen eine Stätte angewiesen"*).

Das oberste Ziel aller Philosophie ist nach ihm Bildung und Entwicklung des Menschentums im Menschen. Sein höchstes Streben, sein letzter Zweck ist nicht die Systematik der Schule, sondern die Förderung der Humanität. Dadurch unterscheidet sich Mendelssohn von seinem Meister Wolff, dem er sonst so willig und oft gar zu treu folgt. Dadurch nähert er sich Lessing und schließt sich diesem als treuer Verbündeter und Kampfgenosse an. Dadurch ist er auch seinen Glaubensgenossen ein Bildner und Wegweiser geworden, der sie aus der Abgeschlossenheit der Ghettos geführt und ihnen gezeigt hat, daß Judentum und Wahrung religiöser Traditionen mit moderner, allgemein humaner und deutsch-nationaler Bildung wohl zu vereinigen sei. An dem großen Reformwerk, nicht der Religion des Judentums, an

---

*) Vgl. dazu Kayserling „Mendelssohn, Sein Leben und seine Werke" S. 401/405.

dieser samt ihrem Zeremonialgesetz in dem ganzen Umfange der schriftlichen und mündlichen Überlieferung hielt er ja sein Leben lang fest und erklärte sie für jeden im Judentum Geborenen für verbindlich — sondern an dem Reformwerk der Kultur und des Bildungswesens seiner Glaubensgenossen in Deutschland zu arbeiten, hielt er für seinen Beruf. Dieses Reformwerk hatte er an sich selbst durch heldenhafte Überwindung der größten Hemmnisse vollbracht. Die Aufgabe, die er sich gestellt, seine Glaubensgenossen zur Teilnahme an der allgemeinen deutschen Kultur anzuregen, war um so schwieriger, da ein gut Teil der mittelalterlichen Vorurteile und der Gehässigkeit gegen die Juden in deutschen Landen, auch in dem von dem Philosophenkönige beherrschten Preußen, zu jener Zeit noch in vollem Schwange waren, und die bürgerliche und gesellschaftliche Ausschließung und Zurücksetzung der Juden diese immer mehr zur Meidung jedes Berührungspunktes mit den allgemeinen Bestrebungen und zur Isolierung veranlaßte. Der zu führende Kampf war daher ein Kampf gegen zwei Fronten. Für den Eingang des Toleranzgedankens und die Überwindung von altvererbten Vorurteilen gegen europäische Gesittung und deutsche Bildung bei den Juden konnte mit Aussicht auf Erfolg nur gewirkt werden, wenn gleichzeitig der Kampf gegen die Intoleranz des Staates und der Gesellschaft den Juden gegenüber mit ebenso großer Energie aufgenommen wurde. Das Reformwerk an der Bildung der Juden, und insbesondere auch an der Bildung und Erziehung der heranwachsenden Jugend vollbrachte Mendelssohn vor allem durch die Übersetzung des Pentateuch und der Psalmen, eine Tat, die von orthodoxen Rabbinern jener Zeit mehrfach gebannt und verwünscht, den ersten bedeutsamen Schritt zur Einführung seiner Glaubensgenossen in die deutsche Kultur gebildet hat. Durch Mendelssohns Bibelübersetzung befreundeten sich die Juden mit der reinen deutschen Sprache. Diese wurde für sie dadurch zur Muttersprache. Das, was ihnen seit jeher das Heiligste war, — die Bibel — lag ihnen nun in dem Gewande dieser Sprache vor. Die deutsche Sprache ward ihnen dadurch eine Pforte zum Eintritt in das Heiligtum, so daß sie einen Teil der dem biblischen Inhalte gezollten Verehrung auch auf ihre nunmehrige sprachliche Form übertrugen und dadurch mehr und mehr veranlaßt wurden, mit anderen in dieser Sprache niedergelegten Erzeugnissen — mit deutscher Literatur — sich vertraut zu machen.

Hat Mendelssohn dadurch den ersten Anstoß gegeben, die Intoleranz der Juden gegen die Berührung mit deutschnationaler Bildung zu beseitigen und, wie er in dem Vorwort zur Übersetzung von Manasseh Ben Israels „Rettung der Juden" sagt, „die Schwierigkeiten, die von Seiten der zu bildenden Nation selbst ihrer bürgerlichen Aufnahme in den Weg gestellt wurden", hinwegzuräumen, so griff er auch in den zu seiner Zeit — der Zeit des Großen Friedrichs — an den „herrschenden Teil" gerichteten, die Herstellung der Rechte der Menschheit und der Duldung fordernden Appell tatkräftig ein. Die Sache, welche Rabbi Manasseh im 17. Jahrhundert „zur Verteidigung der Juden vor den Augen des englischen Parlaments" geführt, wurde im 18. Jahrhundert — dem Zeitalter Friedrichs — vor den Augen des philosophischen Königs und der deutschen Nation durch den Historiker und Staatsmann Christian Dohm in seiner Schrift „Über die bürgerliche Verbesserung der Juden" aufgerollt. Was in England, dem Lande, von dem die „deistische" Bewegung ausgegangen, in dem Lande, wo ein Locke durch seine „Briefe für die Toleranz" die Herrschenden in Staat und Kirche für die Humanitätsidee aufgerüttelt hat, von dem

Amsterdamer Chacham der portugiesischen Gemeinde unternommen war, wurde nun im Zeitalter eines Lessing von einem geistvollen preußischen Staatsmann, der, wie Lessing, der Sohn eines protestantischen Geistlichen war, in die Hand genommen. Mit welcher Energie Moses Mendelssohn bei Gelegenheit der aufs neue zur öffentlichen Diskussion gestellten Humanitätsforderung den Toleranzgedanken in Fragen der Religion vertritt, beweist er dadurch, daß er im Vorwort zur Übersetzung von Manassehs „Rettung der Juden" der Forderung Dohms, daß der jüdischen Kirche oder Synagoge das gleiche Ausschließungsrecht gegen in Sachen der Religion abweichend denkende Mitglieder eingeräumt werde, wie es die christlichen Kirchen gegen ihre Mitglieder haben, aufs schärfste entgegentritt. Mendelssohn verneint jedes Ausschließungsrecht der Kirche. Die kirchliche Gemeinschaft dient „der Erbauung, der Teilnahme an der Ergießung des Herzens". „Mit welchem Recht," sagt er, „wollen wir einem Dissidenten, Andersdenkenden den Zutritt verweigern, die Freiheit versagen, an dieser Erbauung teilzunehmen? Lieber wollen wir darin hinsichtlich der jüdischen Kirche inkonsequent bleiben, als solche Mißbräuche und angemaßte Rechte, um der äußeren Gleichmacherei willen, auch bei den Juden einführen." Und in einer Note zu der obenerwähnten Übersetzung der Schrift Manasseh Ben Israels (11), an der dieser von den Gebeten der Juden „um die Bekehrung der Nationen" spricht, bekämpft Mendelssohn den Begriff und den Ausdruck „Bekehrung" als einen jeder Toleranz und speziell dem Geiste des Judentums widersprechenden, aufs heftigste. Hatte er doch das Kränkende und Verletzende der Intoleranz und Zudringlichkeit von Bekehrungsversuchen schon früher von seiten Lavaters, und auch in späteren Jahren, wenn auch in zarterer Form, von seiten des ungenannten Verfassers des Schreibens „Das Forschen nach Licht und Wahrheit" und von Herrn Moerschel bis zum Übermaß erfahren. „Eine Zeit der Ausbreitung der Erkenntnis Gottes über alle Nationen", sagt er, „wird nach dem wahren Geiste des Judentums erwartet, in der äußeren Form des Gottesdienstes aber wird und soll allezeit Mannigfaltigkeit bleiben". „Eine Vereinigung in Lehre und Gesetz, eine sogenannte ‚Glaubensvereinigung', ist nicht anzustreben und ist vom Judentum auch nie angestrebt worden. Eine solche würde ‚geraden Weges auf die gehässige Intoleranz führen und den schrecklichen Geist der Verfolgung und die Autodafes, bei denen Gebete um Bekehrung der Ketzer angestimmt wurden, wieder emporbringen'." Diese Auffassung des religiösen Toleranzgedankens bei Mendelssohn, die Ansicht, daß nicht Glaubenseinheit, sondern Glaubensfreiheit das Ideal sei, hängt mit seiner Überzeugung von dem im Wesen des religiösen Empfindens und der Art seiner äußeren Bekundung begründeten persönlichen individuellen Charakter zusammen, der im Judentum, als der an keine dogmatischen Lehr- und Glaubensmeinungen gebundenen Religion, am schärfsten ausgeprägt erscheint. Den Gedanken von dem undogmatischen Charakter der jüdischen Religion hat er in Verbindung mit seinen allgemeinen Ansichten über das Wesen und die Aufgabe der Kirche und deren Verhältnis zum Staate in dem 1783 veröffentlichten Werke „Jerusalem oder über religiöse Macht und Judentum" eingehend dargelegt. Die Forderung einer völligen Trennung von Staat und Kirche, wie sie in unserer Zeit von in religiösen Fragen frei denkender Seite immer dringender gestellt wird und in dem Lande der großen Umwälzung des 18. Jahrhunderts schon gesetzlich durchgeführt ist, wird von Mendelssohn in seinem „Jerusalem" mit begrifflicher Schärfe und Bündigkeit begründet. Haben auch

Staat und Religion sowie die Gemeinschaftsorganisation der letzteren — die Kirche — eine Aufgabe — die erziehliche — die der Erweckung und Zeitigung moralischer Gesinnungen bei den ihnen Zugehörigen — miteinander gemein, so unterscheiden sie sich doch dadurch, daß der Staat de facto mit bloßen Handlungen, die den jeweiligen Gesetzen entsprechen, auch ohne Rücksicht auf deren Motive, sich begnügen kann und oft tatsächlich sich begnügt, während die Religion, ihrem ganzen Wesen nach, unbedingt Gesinnung fordern muß, weil religiöse Handlung ohne religiöse Gesinnung, deren Ausdruck sie sein soll, leer und nichtig, „ein bloßes Puppenspiel" ist. Erzwungen können nur Handlungen werden, und sie müssen oft, wenn die bürgerliche Gemeinschaft soll bestehen können, erzwungen werden. Daher steht dem Staate ein Zwangsrecht seinen Mitgliedern gegenüber unbestreitbar zu. Gesinnungen dagegen, Glaubensmeinungen und Glaubenslehren können als Sache des inneren Seelenlebens des Menschen nur durch Überzeugung und Belehrung gezeitigt werden. Sie sind unveräußerlich, entziehen sich, ihrer Natur nach, jeder äußeren physischen Machteinwirkung und sind keinem Zwange unterworfen. Daher kann der Kirche, als der der inneren „Erbauung", der Kundgebung religiöser Empfindungen und Gesinnungen dienenden Gemeinschaftsorganisation, keinerlei Zwangs-, Bann- und Ausschließungsrecht gegen ihre Mitglieder eingeräumt werden. Ein sogenanntes Kirchenrecht, kirchliche Zuchtmittel kann es grundsätzlich nicht geben, und am allerwenigsten darf der Staat seine hilfreiche Hand dazu bieten, angemaßten Kirchenrechten und Zuchtmitteln gewaltsam Geltung zu verschaffen. Aus der grundsätzlichen Nichtanerkennung eines Zwangsrechts der Kirche, aus der Unstatthaftigkeit einer Einmischung des Staates zu Gunsten der Geltendmachung solcher angemaßten

Zwangsrechte folgt einerseits, daß der Staat keinerlei Vorrechte an ein bestimmtes Religionsbekenntnis knüpfen, keinerlei Rechtsbeschränkungen mit den von der sogenannten „herrschenden" Kirche dissentierenden Glaubensmeinungen verbinden darf. Andererseits ergibt sich als Konsequenz aus jenem Grundsatze, daß die Kirche ihre Diener, Lehrer und Geistlichen nicht auf dogmatisch-unverrückbare, aus grauer Vergangenheit überlieferte Lehrmeinungen eidlich binden und festlegen darf. Die religiösen Überzeugungen sind des Menschen innerstes persönlichstes Gut; sie sind, wie die wissenschaftlichen, in steter Entwicklung begriffen. Sie an eine bestimmte, aus der Vergangenheit überlieferte, starre Formel binden, und jede Abweichung von dieser Formel mit Strafe bedrohen, bedeutet einen Gewissenszwang üben, der entweder zur Heuchelei oder, wie wir es in neuester Zeit wieder erlebt haben, zur Entfernung segensreich in ihren Gemeinden wirkender Lehrer der Religion aus ihrem Amte führt.

Dem Einwurf, daß Mendelssohn mit der Verneinung jedes Rechts kirchlicher Zucht- und Strafmittel zur Mosaischen Lehre sich in einen schroffen Gegensatz stelle, da nach dieser gewisse religiöse Vergehungen sogar mit der härtesten aller Strafen — der Todesstrafe — geahndet werden, diesem Einwurf tritt Mendelssohn mit der Erörterung des Unterschiedes zwischen Glaubensreligion und Gesetzesreligion entgegen, welche für eine richtige Auffassung des Judentums grundlegend geblieben ist. Diese Darlegungen haben den größten deutschen Denker — Immanuel Kant — in einem Briefe an Mendelssohn zu der Anerkennung veranlaßt, daß durch ihn (Mendelssohn) die früher nie geahnte Erkenntnis von der im Wesen des Judentums begründeten religiösen Toleranz enthüllt worden sei, von welcher Toleranz und

Duldung zu wünschen wäre, daß sie bald auch den anderen positiven Religionen zu eigen würde*). Das Judentum ist in seiner alten unverfälschten Gestalt keine Glaubensreligion, sondern eine mit religiösen und moralischen Lehren verbundene Gesetzgebung. Nirgends heißt es in den Büchern Moses: „Du sollst glauben", sondern: „Du sollst Gott lieben, ihn zu erkennen streben und diese Gottesliebe und Gotteserkenntnis durch Betätigung, durch Befolgung der Gebote Gottes — des Gesetzgebers der mosaischen Verfassung — bewähren. Nicht gegen „Unglauben" oder „Irrglauben" richten sich die in der mosaischen Lehre verkündeten und angedrohten Strafen — „kennt doch die Ursprache der Bibel nicht einmal ein dem „Glauben" in seinem dogmatischen Sinne entsprechendes Wort" — die angedrohten, aber wegen Erschwerung des Strafvollzuges selten vollstreckten Strafen richten sich vielmehr, nach Mendelssohns Ausdruck, gegen „Untaten". Wer den Sabbat entweiht, wer die Gottheit lästert oder im Mosaischen Staate „fremden" Göttern dient, Götzendienst treibt, verletzt die Grundgesetze dieses Staates; ihn treffen daher als Staatsverbrecher die angekündigten Strafen. Nur Taten, Zuwiderhandlungen gegen grundlegende Gebote des göttlichen Gesetzgebers werden geahndet. Bindende Glaubenslehren fingen erst in späterer Zeit, wie die Mischna und der Talmud mehrfach zeigen, in das Judentum einzudringen an, und erst im Mittelalter ist von Maimonides durch die dreizehn Glaubenssätze eine Dogmatik in das Judentum eingeführt worden. Daß aber diese Dogmatik nicht als Fleisch vom Fleische und Blut vom Blute des Judentums, sondern gewissermaßen als Fremd-

---

*) Vgl. dazu Kant, Ges. Werke XI, 17, wo Kant in Mendelssohns „Jerusalem" „die Verkündigung einer großen, obzwar langsam fortrückenden Reform" erblicken zu können behauptet.

körper innerhalb desselben empfunden wurde, wird schon dadurch dargetan, daß man die Zahl der von Maimonides fixierten Glaubenssätze zu vermindern, von dreizehn auf drei und schließlich auf einen zu reduzieren unternahm. Obwohl, wie auch Mendelssohn nicht verkennt, den im Mittelalter fixierten Glaubensgrundsätzen nach religionsphilosophischer und metaphysischer Seite hin eine gewisse Bereicherung des Ideenkreises im Judentum nicht abzusprechen ist, so hat doch andererseits die Eingliederung einer Dogmatik in das Judentum in Praxi für dieses schädigende Folgen gehabt. Durch die Dogmatik sind auch hier angemaßtes Bann- und Ausschließungsrecht, Verketzerung und allerlei Intoleranz in Glaubenssachen zur Erscheinung gekommen. Als besonders bedauerliches Beispiel dafür muß das Vorgehen der Amsterdamer Synagoge gegen Spinoza gelten, welches wohl kaum, wenigstens nicht in dieser Schärfe, stattgehabt hätte, wenn Manasseh Ben Israel, der besonnene und von dem religiösen Toleranzgedanken durchdrungene gelehrte Denker, nicht, wegen der Mission zugunsten seiner Glaubensgenossen, zu der Zeit in England und seiner Amsterdamer Heimatsgemeinde fern gewesen wäre.

Gegen alle solche Intoleranz innerhalb des Judentums, gegen Zuerkennung eines Bann- und Ausschließungsrechts an die jüdische Kirche oder Synagoge kämpft Mendelssohn, in voller Konsequenz mit dem von ihm unbedingt vertretenen allgemeinen Toleranzgedanken, auf das entschiedenste. Jede Forderung einer Vereinigung der Menschen, sei es verschiedener Kirchen, sei es einer und derselben Religionsgemeinschaft, hinsichtlich bestimmter Glaubensformeln müßte „die unseligsten Folgen für Vernunft und Gewissensfreiheit haben". Jener der Intoleranz entspringenden und zum Gewissenszwange führenden Forderung der

Glaubenseinheit stellt Mendelssohn die Forderung uneingeschränkter Glaubensfreiheit entgegen.

So sehen wir Moses Mendelssohn, bei aller Verschiedenheit seiner sonstigen Weltanschauung von der Lessings, trotz der scharfen Grenzen, die seine, von einem Mangel an historisch-kritischem Sinn nicht freizusprechende, Geschichtsauffassung von der Lessings trennen, ungeachtet des gegensätzlichen Standpunktes beider hinsichtlich der Geltung des Entwicklungsgesetzes in der Religion und hinsichtlich des Offenbarungsproblems, in Fragen der Ethik, in der von dieser gestellten Forderung uneingeschränkter Glaubens- und Gewissensfreiheit, in der Bekämpfung des Staatskirchentums und aller aus ihm sich ergebenden sittlichen Schäden, mit seinem genialen Freunde in voller Übereinstimmung. Dieser Einklang beider Denker in einer der grundlegendsten sittlichen Fragen, die von ihnen in inniger Seelengemeinschaft unternommene und vollbrachte Arbeit an der Entwicklung und Verbreitung des Toleranzgedankens sichern ihnen für alle Zeiten einen ehrenvollen Platz unter den Vorkämpfern für Aufklärung und Humanität und bürgen dafür, daß, so oft von diesen Ideen gesprochen und für sie gearbeitet werden wird, die beiden Namen Lessing und Mendelssohn stets zusammen und neben einander werden genannt werden.

Wenn Toleranz eine aus der Humanitätsidee sich ergebende sittliche Forderung ist, Humanität aber Verständnis für fremde Eigenart und die Fähigkeit, in das Seelenleben einer uns fernstehenden, sei es Einzelpersönlichkeit, sei es Volksindividualität uns zu versetzen, zur Voraussetzung hat, so ist es Herder gewesen, der uns das Verständnis für das historische Problem der Völkerindividualitäten zuerst erschlossen und dadurch den den meisten Vertretern der Aufklärungsperiode fehlenden oder nur in unzureichendem Maße eigenen kritisch-geschichtlichen Sinn erweckt und für die Betrachtung des Völkerlebens zur Geltung gebracht hat. Herder hat uns „den Stimmen der Völker" mit Verständnis lauschen und aus ihren „Liedern" den Pulsschlag ihres Seelenlebens vernehmen gelehrt, Herder hat uns durch die Gespräche „Vom Geist der hebräischen Poesie" in die älteste Geschichte des menschlichen Geistes liebevoll eingeführt, er hat durch seine „Ideen" eine „philosophische" Betrachtung des Menschendaseins auf dem ganzen Erdenrunde, eine gesetzmässige Erforschung der Menschengeschichte nach einheitlichen Prinzipien angebahnt. Man hat Herder den „Klassiker des religiösen Geistes, den ersten Religionspsychologen der Neuzeit" genannt (Johannes Ninck im Vorwort zu seiner Schrift: „Die Begründung der Religion bei Herder," 2. Aufl., Leipz. 1912). So zutreffend diese Bezeichnung ist, ist sie doch nicht erschöpfend. Sie erfordert, um der Bedeutung Herders für die Geistesgeschichte gerecht zu werden, eine Erweiterung, indem man ihn den „ersten Völkerpsychologen der Neuzeit" nennt. Galt auch die Religion Herder als die höchste Offenbarungsform des menschlichen Seelenlebens, die Religionsentwicklung als eine der vornehmsten Bekundungen der Entwicklungsfähigkeit des Menschen zu der für ihn erreichbaren Vollkommenheit, so wandte sich doch Herders geschichtsphilosophische Betrachtung mit gleich tiefer Geistesschärfe und ebenso intensiver Gemütswärme den anderen Erscheinungsformen des Völkerlebens zu und war in gleicher Weise bemüht, das Wesen und die Entwicklung der Sprache, der Volkspoesie, der Kunst, der politischen und sozialen Anschauungen, der Sitten und der moralischen Begriffe bei den verschiedenen Völkern zu ergründen. Alle diese Geistesmanifestationen ergeben in ihrer Gesamtheit den Begriff des „Menschentums" — der „Humanität" —, welche von Herder in dem der vorliegenden Arbeit als Kennwort vorausgeschickten Satze seiner „Ideen" als „Zweck" der Menschennatur bezeichnet wird. Herder faßt die Gesamtgeschichte der Menschheit als „fortschreitende Entwicklung zur Humanität" auf. Die Anlage zu diesem obersten Ziele — dem von Gott der Menschennatur gesetzten Zwecke — ist allen Menschen, auch den rohesten und wildesten Völkerstämmen, eigen. Die Entfaltung dieser Anlage ist bei verschiedenen Völkern eine verschiedene; sie ist das Produkt zweier Faktoren, der individuellen inneren Organisation und der äußeren Bedingungen, der örtlichen, klimatischen und sonstigen physischen Verhältnisse, unter denen jedes Volk lebt und sich entwickelt. Die Entwicklung des Seelen- und Geisteslebens des Menschen wird von Herder stets in innigstem Zusammenhange mit der ihn umgebenden physischen Welt betrachtet*). Herders Weltanschauung ist, wenn man so sagen darf, nicht als eine dualistische, Geist und Natur von einander trennende, vielmehr als eine deistisch-naturalistische aufzufassen, nach der Gott als Urkraft die Welt durchdringt und deren physischem wie geistig-sittlichem Geschehen einheitliche harmonische und unabänderliche Gesetzmäßigkeit verleiht**). Aus dieser Auffassung

---

*) Heißt es doch im 5. Kapitel des 15. Buches der „Ideen": „Der Mensch ist nur ein kleiner Teil des Ganzen, und seine Geschichte ist, wie die Geschichte des Wurms, mit dem Gewebe, das er bewohnt, innig verwebet. Der Gott, den ich in der Geschichte suche, muß derselbe sein, der er in der Natur ist."

**) Diese Weltanschauung Herders findet auch in seiner Stellungnahme zu dem nach Lessings Tode entbrannten Jacobi-Mendelssohnschen Streite über Lessings Spinozismus ihren Ausdruck. Sie tritt deutlich zutage in der im Anschluß an diesen Streit veröffentlichten Schrift „Gott", in welcher Herder seine Auffassung Spinozas darlegt, und in einem Schreiben an Jacobi, in welchem er seine Befriedigung darüber ausspricht, „daß er sich in seinem eigenen Spinozismus neu bestärkt fühle, da er so unerwartet in Lessing einen Glaubensgenossen seines eigenen philosophischen Credo finde". (Vgl. Carl Siegel, „Herder als Philosoph," S. 97.)

Gottes als Wesen und Urkraft alles Weltgeschehens ergibt sich für Herder der innigste Zusammenhang der verschiedenen im Verlaufe ihrer Geschichte von den Menschen erreichten Kulturstufen mit ihren Anschauuungen von Gott und seinem Walten. Sprache, Poesie, Kunst, Verfassungsformen, politische und soziale Begriffe, Moral, kurzum, alle Erscheinungsformen, in denen „Menschentum" zum Ausdruck kommt, sind bedingt und beeinflußt durch die jedesmaligen Religionsanschauungen und finden in diesen ihren entsprechenden Widerhall. Über den Ursprung und die Begründung der Religion hat Herder zwar in verschiedenen Perioden seines Lebens verschieden gedacht. (Vgl. darüber Johannes Ninck, „Die Begründung der Religion bei Herder," 2. Aufl., Leipz. 1912). In seiner reifsten Weimarer Periode aber ist er zu der Überzeugung gelangt, daß Religion mit der Ethik in engstem Zusammenhange stehe, daß „wahre Religion Güte und Menschenliebe sei", daß „Gott dienen" nichts anderes heiße, als „die Menschen lieben". „Güte und Liebe sind die Hauptmerkmale der Humanität, wahre Religion ist höchste Humanität." Daß das Dogmatische, an bestimmte Glaubensformeln Gebundene, nach Herders Meinung nicht zum Wesen der Religion gehöre und daher keine allgemein verbindliche Geltung beanspruchen könne, erhellt aus folgendem Satze: „Was dieser Nation nach ihrem Gedankenkreise als unentbehrlich gilt, daran hat jene nie gedacht oder hält es gar für schädlich." Uniformität also kann und darf im Denken und Glauben nicht verlangt werden, denn „ohne Überzeugung des Gemüts ist das Wort „Religion" ein Gaukelspiel". Dem entspricht auch das tadelnde Urteil Herders in den „Ideen" über den im Mittelalter vielen Völkern gegenüber geltend gemachten Eifer zwangsweiser Bekehrung, durch welche vielfach friedlich lebenden Menschen, die, ohne jemand zu behelligen, in ihrem Glauben sich wohl gefühlt haben, ihr Glück und ihre Ruhe geraubt worden sei. So sagt er an einer anderen Stelle der „Ideen" (Buch 19, 4), an der er von der Bekehrungswut der Nachfolger Mahomeds spricht: „Leider ging ihnen auch hierin das Christentum vor, das unter allen Religionen zuerst seinen Glauben als die notwendige Bedingung zur Seligkeit fremden Völkern aufdrang." In ähnlichem Sinne nennt er, bei Gelegenheit einer Besprechung der im späteren Mittelalter begründeten „Freiheit der Städte", die Kreuzzüge, wiewohl er ihre bedeutsamen Folgen für mancherlei Zweige der Kultur anerkennt, „eine heilige Narrheit, auf der schwerlich das dauerhafte System Europas beruht".

In dem Gedanken unbedingter religiöser Toleranz, in der Forderung uneingeschränkter Duldung von Glaubensmeinungen, in der Abweisung jedes der Humanitätsidee widerstreitenden, dogmatischen Glaubenszwanges sehen wir demnach Herder mit Lessing und mit Mendelssohn, trotz des sonst seinen Standpunkt von dem jedes dieser beiden Denker Trennenden, in voller Übereinstimmung. Diese Übereinstimmung in einer der grundlegendsten sittlichen Fragen war es nicht zum wenigsten, worin Herders große Verehrung für Lessing und sein unsäglicher Schmerz über dessen frühzeitigen Tod ihren Grund hatten. Sie war es auch, die Herder, dem nach Lessings Tode „so leer zu Mut war, als ob Wüste, weite Wüste um ihn wäre", veranlaßte, sich wieder Mendelssohn zu nähern, Mendelssohn, von dem er durch „eine Reihe von Umständen und Zufällen entfernt worden sei, zu bitten, in seinem (Herders) Herzen die Lücke, die durch Lessings Tod eingetreten, auszufüllen, Mendelssohn aufzufordern, dafür Sorge zu tragen, daß „Lessings Nachlässe gerettet werden und in gute Hände kommen" und ihm zu versichern, daß, da Lessing hin ist, Deutschland ihn (Mendelssohn) „vor so vielen anderen nötig habe". Das beiden Denkern heilige Andenken Lessings ließ die Entfremdung, die früher durch Herders Anschluß an Hamann und Lavater zwischen beiden Denkern entstanden war, und die noch fortbestehenden Unterschiede der Überzeugungen und der Stellung zurücktreten und zeitigte einen Briefwechsel, der, um mit Mendelssohns in einem seiner Schreiben an Herder gebrauchten Worte zu sprechen, den „vertraulichen Ton" von Briefen hatte, die Moses, der Mensch, an Herder, den Menschen, nicht der Jude an den Superintendenten" schrieb. Von einer den christlichen Theologen von dem jüdischen Denker, der mit allen Fasern seines Herzens im Judentum wurzelte, trennenden Schranke ist in dieser Korrespondenz nichts mehr zu verspüren. Rein menschlich im höchsten und edelsten Sinne des Wortes begegnen einander jetzt die beiden Denker als Vertreter der Humanitätsidee und als begeisterte Freunde Lessings, der bis zu seinem letzten Atemzuge unermüdlich für den Toleranzgedanken und die Humanitätsidee gekämpft hatte.

Das Ziel der Naturentwicklung ist nach Herder der Mensch. Der Zweck und das oberste Ziel der Menschennatur ist die Bildung und Entwicklnng zur Humanität. Wenn Herder das Christentum als die „Religion der Humanität" bezeichnet, so denkt er dabei an das Urchristentum, wie es von dem „Menschensohn" Jesus von Nazareth gepredigt und vertreten wurde, an das Urchristentum, das in seiner rein ethischen Begründung dem von Herder so hochgeschätzten Mosaismus und alttestamentlichen Prophetentum glich, das allgemeine Menschenliebe, Selbstüberwindung, Selbstverleugnung geboten und, von allem dogmatischen Glaubenszwange frei, das Wesen der Religion in die sittliche Betätigung gesetzt hat. Von diesem Urchristentum unterscheidet er, ähnlich wie Lessing „die christliche Religion von der Religion Christi", das in späteren Epochen entwickelte kirchliche Christentum, welchem er den Charakter einer Religion der Humanität nicht zuerkennen kann, dem er vielmehr, wie oben an einigen Stellen der „Ideen" gezeigt worden ist, vielfach Zuwiderhandlungen gegen die Humanitätsidee, Intoleranz, Bekehrungssucht, Aufdrängung von Glaubensmeinungen und Gewissenszwang zum Vorwurf macht. Wie gegen den fanatischen Bekehrungseifer, mußte Herder, der „Apostel" der Humanitätsidee und des aus ihr entspringenden Toleranzgedankens, gegen die vielfachen, von der christlichen Kirche des Mittelalters „um der Religion willen" verübten Verfolgungen mit tiefster Entrüstung sich wenden. Die schwersten und grausamsten Verfolgungen dieser Art haben lange Jahrhunderte hindurch die Juden, die von Herder, das durch seine Vorzüge sowohl wie durch seine Fehler, vor allem aber „durch seine Bücher und Lehren ausgezeichnete Volk" genannt werden, aus dessen Mitte die „Humanitätsreligion" hervorgegangen ist, zu erfahren gehabt. Gegen die Judenverfolgungen des Mittelalters, gegen die bis in die neuere Zeit fortdauernden Beschränkungen der Rechte der Juden, die selbst der philosophische Preußenkönig zu beseitigen sich nicht entschließen konnte, richtet Herder im Namen der „Humanität" die schärfsten Angriffe und tritt mit der ihm eigenen Gemütswärme für die Gleichberechtigung der zu seiner Zeit noch entrechteten Juden ein*). Bei Herder, dem Begründer der „Völkerpsychologie" und einer „philosophischen Betrachtung der Geschichte", der uns das Geheimnis

---

*) Siehe Herders Werke, 10. Teil, „Adrastea und das 18. Jahrhundert", Tübingen 1809, S. 118—122, 102 ff., vgl. darüber: Kohut „Herder und die Humanitätsbestrebungen der Neuzeit", I, S. 20 ff.

der Völkerindividualitäten aus deren Liedern, Gesängen und sonstigen Überlieferungen zu enthüllen zuerst unternommen hat, sehen wir den Kampf für die „Humanitätsidee" und den „Toleranzgedanken" weit über das Gebiet der religiösen Vorurteile hinaus sich erstrecken. Der Kampf richtet sich, wie dies bei einem Denker und Dichter, der die Menschengeschichte im Zusammenhange mit allem Naturgeschehen gesetzmäßig zu erfassen bestrebt ist, nicht anders sein kann, zugleich gegen alle anderen, aus der Verschiedenheit der Rasse, Abstammung, der Nationalität oder des bewohnten Erdstrichs entspringenden Vorurteile. Alles, was Menschenantlitz trägt, was, nach dem Ausdrucke Herders' durch „aufrechten Gang und durch Sprache" auf seine höhere Bestimmung hinweist, hat zum Zweck „Bildung zur Humanität". Allen Menschen, auch „Negern, Hindus, den rohesten Stämmen Afrikas gegenüber, gilt die Humanitätsidee" samt den aus ihr sich ergebenden Verpflichtungen. Dies führt uns auf den ethischen Begriff der „Allheit", der einer streng begrifflichen Begründung in Form eines moralischen Gesetzes bedarf. Diese streng gesetzliche Fassung hat die Humanitätsidee erst durch Kant erhalten, der den Aufklärungsbestrebungen des 18. Jahrhunderts den Stempel festgefügter philosophischer Begründung aufgeprägt und, wie der gesamten Weltauffassung, so insbesondere auch der Ethik als prinzipieller philosophischer Disziplin neue Bahnen gewiesen hat.

Drei Jahre nach Lessings Tode, der in das Jahr des Erscheinens der „Kritik der reinen Vernunft" fällt, veröffentlichte Kant die Abhandlung „Was ist Aufklärung?" Kants Antwort auf diese Frage lautet: „Aufklärung ist der Ausgang des Menschen aus seiner selbstverschuldeten Unmündigkeit." „Unmündigkeit," soweit sie in natürlichen Verhältnissen, wie in dem noch nicht zur Verstandes- und Willensreife gelangten Lebensalter, begründet ist, kann niemand zum Vorwurf gemacht werden. Sie hat ihre Ursache in den Gesetzen der natürlichen Entwicklung, denen der Mensch, gleich allen anderen Lebewesen, unbedingt unterworfen ist. Einen Tadel verdient die „Unmündigkeit" erst, wenn sie eine „selbstverschuldete" ist, wenn der Mensch, trotz der gereiften Verstandeskraft, zu der er durch natürliche Entwicklung gelangt ist, von dieser seiner Kraft keinen Gebrauch macht, wenn er, fähig, sich selbst zu bestimmen, sich trotzdem von anderen am Gängelbande führen läßt, sich aus Mangel an Mut und Willen ihrer Leitung unterwirft. Daher ergeht an den Menschen der Ruf: „Sapere aude," „Habe Mut" dich deines eigenen Verstandes, deiner „eigenen Vernunft zu bedienen," der selbstverschuldeten Unmündigkeit zu entrinnen und in allen die heiligsten Interessen deines Lebens betreffenden Fragen — in Fragen der Religion und der Moral — dich selbst zu bestimmen. Der Begriff der „Selbstverschuldung" und der „Selbstbestimmung" setzt aber „Freiheit" voraus, ein Begriff, der in den folgenden Jahren in den beiden Schriften Kants „Grundlegung zur Metaphysik der Sitten" und „Kritik der praktischen Vernunft" zum Mittelpunkte des neu errichteten ethischen Lehrgebäudes wird. Alle „eudämonistischen" Zwecke, mögen sie unter dem Namen des „Gemeinwohls" noch so sehr „altruistisch" sich geberden, jede Rücksicht auf Lohn und Strafe, gleichviel, ob im diesseitigen oder in einem zukünftigen Leben, werden als Bestimmungsgründe menschlichen Wollens und Handelns von Kant in seiner Ethik abgewiesen. Weder Rücksicht auf eigene oder fremde Glückseligkeit, noch ein göttliches Gebot sind Grund und Quelle der Sittlichkeit. Diese hat ihre Begründung einzig und allein im Gewissen des Menschen, der sein eigener sittlicher Gesetzgeber ist. Sie ist eine Tatsache seines

Bewußtseins, die sich ihm unmittelbar ankündigt und die ihn, trotzdem er sonst den Naturgesetzen unbedingt unterworfen ist, als sittliche Persönlichkeit ein Reich der Freiheit, eine sittliche Weltordnung begründen läßt. Die sittliche Welt ist nicht, wie die natürliche, eine Welt empirischen Seins, sie ist eine Welt normativen Sollens. Das „Du sollst" weist aber auf die Freiheit des Menschen hin. „Du kannst, denn du sollst". Das rein formale, durch keinerlei zu erreichende Zwecke bedingte, „kategorische" Gebot der Pflicht, welches die gesetzgebende Vernunft des Menschen an diesen ergehen läßt, macht zur bewertenden Norm des sittlichen Handelns, daß der Wille durch „Maximen" bestimmt werde, die „jederzeit als Prinzip einer allgemeinen Gesetzgebung gelten können", oder, wie es in etwas verändertem Wortlaute heißt: „Handle nach solchen Maximen, von denen du **wollen kannst**, daß sie zu allgemeinen Gesetzen dienen sollen." Und eine andere Formel, in der Kant dem Pflichtgebot, dem Sittengesetze Ausdruck gibt, lautet: „Handle so, daß du die Menschheit, sowohl in deiner Person, als in der Person eines jeden andern, jederzeit zugleich als Zweck, niemals bloß als Mittel brauchst". Die „Humanitätsidee" Herders, der „Toleranzgedanke" Lessings und Mendelssohns können kaum schärfer zur Geltung und zum Ausdruck kommen, als dies in der Ethik Kants geschieht. Achtung vor Allem, was Mensch ist, Schonung jeder berechtigten Eigenart, Duldung jeder auf aufrichtiger Überzeugung beruhenden, wenn auch von der eigenen noch so sehr abweichenden Glaubensmeinung, Fernhaltung von jedem einem andern zuzufügenden Gewissenszwange, Förderung der berechtigten Interessen des Nächsten, auch unter Opfern für die eigene Person, kurzum alles, was den Inhalt des Toleranzgedankens und der Humanitätsidee bilden kann, fügt sich in das formale Sittengesetz Kants ein und wird von ihm umfaßt. Hinsichtlich des Inhalts und Umfangs dieser Begriffe würde zwischen einem Lessing, Mendelssohn, Herder einerseits und Kant andererseits kaum eine wesentliche Meinungsverschiedenheit vorhanden sein. Die Abweichung der Kantischen Lehre von der jener Denker liegt in der von Kant neu entdeckten Begründung des Humanitätsgedankens. Herder faßt die „Humanität" — den Inbegriff der sittlichen Kultur — als Zweck der Menschennatur auf und leitet sie als eine von dem das All durchdringenden göttlichen Geiste den Menschen vorgezeichnete Bestimmung auf naturgesetzlichem Wege ab. Kant verwirft, wie er dies auch in der „Rezension" von Herders „Ideen" (Jenaische allgem. Literaturzeitung 1785) zum Ausdruck bringt, die Ableitung der Sittlichkeit von der natürlichen Weltordnung. In der Natur herrscht durchgehends mechanische Causalität. Sittlichkeit dagegen richtet Pflichtgebote an den Menschen. Humanität und Toleranz sind keine Naturprodukte, sie sind vielmehr sittliche Forderungen, die an den Menschen, nur sofern er ein vom Naturmechanismus unabhängiges, der freien Selbstbestimmung fähiges Wesen ist, gestellt werden können. Zwar sagt auch Herder, daß man, um „alle Vorurteile" von Staatsinteresse, angeborener Religion, von Rang und Stand unschädlich zu machen, den Begriff der Humanität als unumgängliche erste Pflicht sich und anderen ans Herz legen müsse (Herder: „Zur Philosophie der Geschichte", 10. Teil S. 393). Allein der von Kant zuerst gegebenen prinzipiellen Begründung des „Pflichtbegriffs" kann Herder als entschiedener Gegner und Bekämpfer der „kritischen Philosophie", als der er hinsichtlich der Erkenntnistheorie in der „Metakritik", hinsichtlich der Ästhetik in der „Kalligone" sich zeigt, nicht zustimmen.

Lessing hat die kritische Periode Kants nicht erlebt,

da er schon im Februar des Jahres 1781, in welchem die „Kritik der reinen Vernunft" erschien, gestorben ist. Ist es auch sehr unwahrscheinlich, daß Lessing mit dem „transcendentalen Idealismus" sich befreundet, und erscheint es ganz ausgeschlossen, daß er als ein zur pantheistisch-deterministischen Lehre Spinozas entschieden hinneigender Denker Kants Lehre von der „transcendentalen Freiheit" zu der seinen gemacht haben würde, so ist doch das eine unzweifelhaft, daß er in der Abweisung eudämonistischer Zwecke als ethisches Prinzip mit Kant sich einverstanden erklärt hätte. Entspricht doch die von Kant zuerst vollzogene prinzipielle Beseitigung dieses alten Fundaments ethischer Theorien dem von Lessing in seiner „Erziehung des Menschengeschlechts" verheißenen „dritten Evangelium", durch welches jede Rücksicht auf Lohn und Strafe — auch in dem vom Christentum in seiner Unsterblichkeitslehre angenommenen zukünftigen Leben — als Maxime sittlichen Handelns überwunden werden und an deren Stelle die Übung des Guten und der Tugend nur „um ihrer selbst willen" treten soll.

Was Moses Mendelssohn angeht, so hat er, bei aller Verehrung für Kant, die dieser aufs tiefste erwidert hat, für die große umwälzende Wandlung, die in Kants philosophischem Denken in der kritischen Periode sich vollzogen hat, wenig Verständnis bekundet. Bekennt er doch selbst offen, „daß er Kants Kritik der reinen Vernunft nicht verstehe", äußert aber auch Freunden gegenüber, „es werde an Kants Kritik nicht so sehr viel sein". (Mendelss. Werke, V, 705 vgl. Zeller „Gesch. d. neueren Philos. seit Leibniz S. 284). Der Kantischen Ethik gegenüber vollends — er hat nur die 1785 erschienene „Grundlegung zur Metaphysik der Sitten" erlebt, sich aber, unseres Wissens, über diese nicht geäußert — würde Mendelssohn unzweifelhaft ablehnend sich verhalten haben. Wird doch von ihm, im Gegensatze zu Lessing, der „Eudämonie" und allem, „was auf die Glückseligkeit des Menschen Beziehung hat", (Zeller „Geschichte der neueren Philos. seit Leibniz," S. 277.) besonders auch in seinem „Jerusalem", eine zentrale Stellung eingeräumt, und ist er doch, wie Zeller (in dem angeführten Werke S. 282) mit Recht hervorhebt, „mit Leibniz Determinist". Die Abhängigkeit seines Denkens von der Leibniz-Wolffschen Schule war überhaupt eine zu große und festgewurzelte, als daß er sich von ihren Banden frei machen und in völlig neue Bahnen, wie sie Kants Kritizismus eingeschlagen, noch hätte hineinfinden können.

Wie auch immer aber die erwähnten Denker zur Kantischen Ethik und zum Gedanken der „transcendentalen Freiheit", auf dem diese beruht, sich gestellt haben oder, wenn sie Zeugen ihrer Entstehung gewesen wären, sich gestellt haben würden, der von diesen Denkern verfochtene „Toleranzgedanke" und die „Humanitätsidee" haben eine **prinzipielle Begründung** im begrifflichen philosophischen Sinne erst durch Kant erhalten. Erst durch die Ethik Kants sind jene Ideen als kategorische Pflichtgebote charakterisiert worden, deren Befolgung das Sittengesetz von jedem Menschen unbedingt verlangen kann.

Es hat sich hier wiederum gezeigt, wie richtig Kant geurteilt hat, wenn er den Gemeinspruch: „Das mag in der Theorie richtig sein, taugt aber nicht für die Praxis," „sofern er moralische und Rechtspflichten betrifft," verwarf. Ja, es hat sich sogar in diesem Falle herausgestellt, daß eine tief angelegte und dem allgemeinen sittlichen Bewußtsein entsprechende Morallehre, mag auch ihre theoretische Begründung von mancherlei Seite angezweifelt werden, in praxi zu einer die Gewissen der Menschen beherrschenden Macht werden kann. Wir alle, sofern wir rechtschaffene Menschen sind, sind bemüht, unser Tun und Lassen, unser Leben und Handeln nach dem Sittengesetz Kants, nach seinem „kategorischen Imperativ" einzurichten, unbekümmert darum, daß der Gedanke der „transzendentalen Freiheit", mit dem dieses Sittengesetz steht und fällt, theoretisch vielfach angezweifelt wird. Die Kantische Ethik ist eben dadurch zu einer festen und unerschütterlichen Begründung der „Humanitätsidee" geworden, daß sie die Frage der Sittlichkeit, die Frage, „was soll ich tun, nach welchen Grundsätzen soll ich mein Leben einrichten, um vor meinem inneren Richter — dem Gewissen — bestehen zu können," von ihrer jahrtausendelangen Verquickung mit dem „Intellektualismus" völlig losgelöst hat. Nach ihr ist Tugend nicht „Wissen", sondern „sittliches Wollen". Sie wendet sich an das allgemeine sittliche Bewußtein der Menschen, an den schlichten, einfachen Mann ebenso, wie an den sogenannten Gebildeten und Gelehrten. Sie dringt daher allgemein zu Herzen, findet Eingang ins allgemeine Bewußtsein, beim schlichten, einfachen Manne nicht minder, oft sogar noch mehr, als bei dem gebildeten, mit sezierender Scheide das Moralproblem zerlegenden „Intellektuellen". Vor dem Forum der Kantischen Ethik gibt es keine Geistesaristokratie. Sie ist die Ethik der „Humanität", die Ethik des „Menschen", die Ethik des „gesamten Volkes". Und sie hat diese ihre weit über das Einzelbewußtsein hinaus wirksame, das gesamte Volk ergreifende Kraft praktisch bewährt. Die im verflossenen Jahre in Alldeutschland mit gerechter Begeisterung begangene Jahrhundertfeier der Freiheitskriege mahnt uns an die Dankesschuld, die der Kantischen Ethik gebührt. Sie war es, die die nationale Begeisterung des deutschen Volkes, der deutschen Jugend zu so hell und glühend lodernder Flamme entfacht hat. Auf ihrem Grunde sind Fichtes „Reden an die deutsche Nation" erwachsen, die „der selbstverschuldeten Unmündigkeit" des deutschen Volkes ein Ende bereiten halfen und auf die Abschüttelung der der „Humanitätsidee" hohnsprechenden Fremdherrschaft so erfolgreich eingewirkt haben*).

Allein ebenso wie Kants Ethik und die durch sie dargebotene Begründung des Humanitätsgedankens als eine zu tiefem nationalen Empfinden entflammende Macht sich bewährt hat, ebenso warnt und mahnt sie, das Nationalgefühl nicht in einseitige chauvinistische Bahnen geraten zu lassen, wo es durch Verkennung der berechtigten Eigenart anderer Nationen, durch Nichtbeachtung und Nichtschonung ihrer wohlbegründeten Rechtsansprüche leicht zur Verletzung des sittlichen Gebotes der Toleranz und der Humanität verleiten kann. Das sittliche Gebot der Kantischen Ethik: „Handle so, daß Du die Menschheit, sowohl in Deiner Person, als in der Person eines jeden anderen, jederzeit zugleich als Zweck, niemals bloß als Mittel brauchst," gilt nicht nur für den Einzelnen dem Einzelnen und seiner nationalen und staatlichen Gemeinschaft gegenüber. Es hat dieselbe verbindliche und verpflichtende Bedeutung für die Nationen und Staaten in ihren gegenseitigen Beziehungen und in ihrem Verkehr miteinander. Wie die Idee der „Humanität" die ganze Menschheit umfaßt, ebenso soll und will auch das die Berechtigung dieser Idee begründende Sittengesetz Kants zum Grundgesetz der Politik, des internationalen und Völkerrechts werden. Dadurch allein können die Völker, unter

---

*) Vgl. darüber und über den Einfluß von Kants Ethik auf Kleists „Prinzen von Homburg" die Ausführungen von Heinrich Meyer-Benfey in seiner Schrift: „Herder und Kant," Halle 1904, S. 64.

voller Wahrung ihrer Vaterlandsliebe, vor jenem überschwenglichen falschen Patriotismus bewahrt bleiben, der nach dem Ausdrucke Lessings „eine Tugend zu sein aufhört" und eine „heroische Schwäche" ist. Nur dadurch, daß das Sittengesetz Kants in seiner uneingeschränkten „Allheit" auch für das öffentliche Völkerleben zur grundlegenden Norm wird, können blutige Kriege der Völker gegeneinander vermieden und eine Annäherung an das Ideal eines „ewigen Friedens" erhofft werden.

Der Idealismus der deutschen Aufklärungsperiode findet in der poetischen Nationalliteratur des 18. Jahrhunderts einen Widerhall bei Schiller. Auf Lessings „Kanzel", oder, nach seinem eigenen Ausdruck „auf den Brettern, die die Welt bedeuten", führt Schiller in den drei ersten dramatischen Dichtungen seiner „Sturm- und Drangperiode" den Kampf gegen ständische und gesellschaftliche Vorurteile, gegen despotische Willkür, gegen verlogene Ränkesucht und sittliche Verderbtheit. Es folgt bald ein viertes Drama — Don Carlos —, in dem der Kampf für Glaubens- und „Gedankenfreiheit", das Ringen eines Volkes um seine „Gewissensrechte", der politische „Gegensatz weltbürgerlicher Ansicht gegen beengte Staatsklugheit" zur Darstellung gebracht wird. Und in seinem letzten dramatischen Lebenswerke — dem Tell —, zu dem er nach der treffenden Bemerkung Karl Bergers („Schiller, sein Leben und seine Werke", II. Bd. S. 661) durch „sein Gemeinschaftsgefühl gedrängt wurde, um dem eigenen, von außen und innen hart bedrängten Volke die Möglichkeiten eines hoch gesteigerten Gesamtbewußtseins in dichterischem Bilde zu zeigen", führt er uns mit der ihm eigenen Wärme und Begeisterung für die Idee der Volksfreiheit die heldenmütige Erhebung des Schweizervolkes und seine Befreiung von Tyrannenmacht in vollendeter poetischer Form vor die Seele. Hat Schiller durch diese seine Bühnenwerke und durch eine Reihe lyrischer Dichtungen, in denen seine uneingeschränkte Menschenliebe, seine glühende Begeisterung für Humanität sich spiegelt — wir erinnern hier nur an den von Beethoven komponierten Hymnus „An die Freude" aus der zweiten, an das kleine aus der ersten Periode stammende Gedicht „Rousseau" — „Rousseau leidet, Rousseau fällt durch Christen, Rousseau, der aus Christen Menschen wirbt" — hat er durch diese und ähnliche Dichtungen auf die Gemüter mächtig gewirkt, so hat er durch sein in einer späteren Lebensperiode mit dem ihm eigenen tiefen Ernst betriebenes Studium der Philosophie Kants, deren geistvollster und begeisterter Interpret er dem deutschen Volke in seinen Ideendichtungen und seinen philosophischen Abhandlungen geworden ist, einen starken, unverwischbaren Einfluß auf die Läuterung und Stärkung des sittlichen Bewußtseins des deutschen Volkes geübt, der, ähnlich wie die von Fichte nach Schillers Tode in seinen ebenfalls auf Kantischer Ethik ruhenden „Reden an die deutsche Nation" geübte Einwirkung, ein gut Teil zur Erhebung des deutschen Volkes und zur Abschüttelung des Joches der Fremdherrschaft beigetragen hat. Die von Schiller als Dichter an dem Rigorismus der Ethik Kants vollführte Milderung, die ästhetische Versöhnung von „Pflicht und Neigung" hat das Verständnis für die Morallehre Kants und ihr Eindringen in das allgemeine sittliche Bewußtsein unzweifelhaft erleichtert. Und wenn man auch Schillers in den „Briefen über ästhetische Erziehung" vertretene Ansicht, daß „die barbarische Roheit unserer Staaten nur durch die Pflege des ‚Schönen' überwunden werden kann", „daß wir am besten an der Verwirklichung des Vernunftstaates arbeiten, wenn wir, statt auf politischem Wege die Freiheit zu suchen, vielmehr still an ästhetischer Veredlung der Gemüter arbeiten", wenn man auch diese Ansicht mit Friedr. Alb. Lange („Schillers philos. Gedichte," S. 21) als eine „einseitige" und durch Erfahrung nicht zu begründende bezeichnen muß, so darf es andererseits als unzweifelhaft gelten, daß in dieser Auffassung Schillers die Quelle zu suchen ist für die gerade in unserer Zeit, besonders in Künstlerkreisen, vielfach vertretene Anschauung, daß die ästhetische Bildung und Erziehung des Menschen durch Pflege künstlerischer Anschauung und Kunstverständnisses einen Ersatz für religiöse Erziehung bieten könne. Diese zum Teil von der Wahrheit abirrenden Ansichten des Denkers Schiller finden ihre Erklärung durch die andere Seite seiner großen Individualität als Dichter. „Poesie und Philosophie" bilden, wie Wilhelm von Humboldt (in einem Briefe an Schiller, 4. August 1795 und später in seiner Schrift „Über Schiller und den Gang seiner Geistesentwicklung") sagt, „eine untrennbare Einheit," die ihm (Humboldt) als „ein besonderes psychologisches Phänomen", als „das Charakteristische an Schillers Geist" erschien. Schiller, der „Dichterphilosoph", tritt uns bald als „philosophischer Dichter", bald als „dichtender Philosoph" entgegen. Ist es darin begründet, daß, was er uns darbietet, nicht selten eine Mischung von „Dichtung und Wahrheit" ist, so hat er gerade durch dieses Ineinander von Poesie und Philosophie auf die deutsche Volksseele, die im gleichen Maße nach Anregung des denkenden Verstandes und nach Erwärmung des Gemüts verlangt, so mächtig gewirkt und ist dadurch zu unserem Nationaldichter geworden*).

---

*) Über Wilhelm von Humboldts Verhältnis zu Schiller und dessen Übereinstimmung mit diesem in der Auffassung des ästhetischen und ethischen Ideals und der „Humanitätsidee" handelt tiefeindringend Eduard Spranger in seinem Buche „Wilhelm von Humboldt und die Humanitätsidee", Berlin 1909, S. 337—349.

Schiller beschließt die Reihe der Vertreter des deutschen Idealismus in der klassischen Periode des 18. Jahrhunderts, die für Aufklärung, den Toleranzgedanken und die Humanitätsidee gewirkt und gekämpft haben. Nachdem das Freundespaar, die getreuen Bundesgenossen in diesem Kampfe — Lessing und Mendelssohn — in den 80iger Jahren in einem Zeitabstande von fünf Jahren frühzeitig abberufen waren, folgten ihnen im Anfange des neuen Jahrhunderts, Jahr um Jahr, Herder, Kant und zuletzt Schiller. Abgesehen von Fichte, der um ein knappes Jahrzehnt Schiller überlebt hat, und von Wilhelm von Humboldt, war nur die Lichtgestalt Goethes

---

Der engbegrenzte Raum der vorliegenden Abhandlung verbietet, auf Sprangers Schrift näher einzugehen. Es sei daher nur auf den für unser Thema besonders wichtigen, von Spranger in einem früheren Abschnitte seiner erwähnten Schrift erörterten Gedanken hingewiesen, daß für beide Denker, für Humboldt ebenso wie für Schiller, in dem Streben nach „Emporläuterung" des „Individuellen" zum „Universellen" der Weg sittlicher Vervollkommnung liege, daß, bei aller Berechtigung, ja sogar Verpflichtung, die Eigenart der Person, der Abstammung, des Standes, der Nationalität zu wahren, das Zurücktretenlassen der Rücksichtnahme auf alles Persönliche, Ständische und Nationale gegenüber dem Allgemein-Menschlichen die unerläßliche Bedingung sei für eine Annäherung an das „Menschheitsideal", an die im Leben der Menschheit, wenn auch nie vollkommen, so doch in fortschreitender Annäherung zur Darstellung zu bringende Humanitätsidee, die, wie wir oben zu zeigen versucht haben, auch die Quelle des Toleranzgedankens ist.

Beide Denker, Wilhelm von Humboldt ebenso wie Schiller, ruhen in dieser ihnen gemeinsamen Auffassung des ethischen Humanitätsgedankens auf Kant, dessen kritische Philosophie, wie nach theoretischer, so insbesondere nach ethisch-ästhetischer Seite hin für beide, trotz mancher Abweichungen im einzelnen, in prinzipieller Hinsicht von maßgebendem Einfluß gewesen ist.

In dieser Übereinstimmung mit Schiller in der Auffassung der höchsten Menschheitsprobleme und Menschheitsideale liegt nicht zum mindesten die Quelle der wissenschaftlichen Hochschätzung nicht nur, sondern auch der persönlichen Verehrung Humboldts für den Dichterphilosophen, wie sie in den Briefen an diesen in so hohem Grade hervortritt.

aus dieser großen Zeit übrig geblieben, die bis fast an das Ende des ersten Drittels des neuen Jahrhunderts mit ihren Geistesstrahlen die Welt beleuchtete. Der Epoche eines Lessing, Kant, Mendelssohn, Herder, Schiller angehörend, mit den beiden letztgenannten in innigen geistigen und persönlichen Beziehungen stehend, kann er ihnen gleichwohl in ihrer Eigenschaft als Kämpfer für Toleranz und Humanität nicht zugesellt werden. Lag auch seinem universalen Geiste nichts menschlich Großes und Edles fern, und hat er auch in einigen seiner bedeutendsten dichterischen Schöpfungen groß angelegte zivilisatorische Humanitätsfragen in genialer Weise behandelt, so fühlte er sich doch, so nahe er auch Herder gestanden, nicht berufen, den Toleranz- und Humanitätsgedanken, sofern sie, sei es nach religiöser, sei es nach politisch-sozialer Seite hin, in das öffentliche Leben schlugen, als Vorkämpfer zu vertreten, und war nicht geneigt, ihnen seine so mannigfachen anderen großen Aufgaben zugewandte Kraft zu widmen. Der Dichter des Faust und der Iphigenie war zugleich unermüdlich und schöpferisch tätig auf vielen Gebieten der Naturwissenschaften, die seitdem von Jahrzehnt zu Jahrzehnt fortschreitend, unser kulturelles Leben immer reicher ausgestalten und durch ihre exakte Forschungsmethode auch auf die Geisteswissenschaften einen fördernden Einfluß bewähren.

War durch den ungeheuren Aufschwung der Naturwissenschaften längere Zeit das Interesse an philosophischer Forschung zurückgedrängt worden, so ist es in neuerer Zeit in erfreulicher Weise wieder erwacht. Statt sich zu befehden, arbeiten jetzt Naturwissenschaften im Bunde mit der an Kant wieder anknüpfenden Philosophie an der Fortbildung der Erkenntnis und des Geisteslebens. Die Fortschritte der Technik nehmen von Jahr zu Jahr in früher ungeahnter Weise zu. Der historische Sinn und die kritische Geschichtsforschung haben im 19. Jahrhundert einen großen Aufschwung genommen. Die fortgesetzten Ausgrabungen an den Kulturstätten der alten Welt und die Entzifferung der Keil- und Inschriften fördern in neuester Zeit immer reicheres Geschichtsmaterial zu Tage, und eine unerschrockene Erforschung der biblischen Urkunden, der im 18. Jahrhundert Lessing die Bahnen gewiesen, hat, wenn sie auch öfter die Grenzen berechtigter Kritik überschreitet, große Fortschritte zu verzeichnen. Auch der soziale Sinn ist in neuerer Zeit, infolge der großen Veränderungen im wirtschaftlichen Leben, in steter Zunahme begriffen. Die Teilnahme an den Kulturgütern ist jetzt weit größeren Kreisen, als früher, ermöglicht. Die Rechtsinstitutionen sind bessere geworden, und die konstitutionellen Verfassungen haben in den meisten Staaten Europas den im 18. Jahrhundert vielfach noch sehr fühlbaren harten Glaubensdruck und die Beschränkungen der Denk- und Meinungsfreiheit bedeutend gemildert. Bei aller Anerkennung der Fortschritte aber, die wir in Wissenschaft und Leben gemacht haben, drängt sich uns die Frage auf: Wie steht es um den Toleranzgedanken und die Humanitätsidee? Haben diese mit jenen Fortschritten gleichen Schritt gehalten? Entspricht der höher gestiegenen äußeren Kultur die innere sittliche Kultur der Menschen? Wie steht es um die inneren Motive, um die Maximen unseres Wollens und Handelns? Sind diese veredelt worden, sind religiöse, gesellschaftliche und Rassenvorurteile überwunden? Ist chauvinistischer Nationaldünkel vor allgemeiner Menschenliebe, wie sie ein Lessing, Herder und Mendelssohn verfochten, wie sie Kant durch sein Sittengesetz geboten, zurückgewichen? Kommen Übergriffe und Rechtsanmaßungen auf Seiten der herrschenden Kirchen nicht mehr vor? Befehden sich nicht mehr Mitglieder einer und derselben Religionsgemeinschaft aufs erbittertste, wegen abweichender Glaubensmeinungen und wegen abweichenden Verhaltens zu manchen religiösen Bräuchen und Satzungen? Wird in allen Staaten, in denen volle Glaubensfreiheit und Gleichberechtigung aller Bürger ohne Rücksicht auf die Verschiedenheit des Glaubensbekenntnisses durch die Verfassung garantiert ist, nach diesen verbrieften Gesetzen verfahren? Sind alle Staaten von der schweren sittlichen Schuld frei zu sprechen, daß sie nicht selten, im Gegensatz zu diesen Gesetzen, für Abfall und Überzeugungsuntreue gleichsam Prämien aussetzen und dadurch die Unbestechlichen schädigen, die Charakterschwachen aber zur Heuchelei und zur moralischen Korruption verleiten? Kein Unbefangener wird über die Antwort auf alle diese Fragen im Zweifel sein können. Er wird zugeben müssen, daß alle jene Übelstände immer noch in nicht geringem Grade fortbestehen. Wir beherrschen zwar immer mehr und mehr die **äußere Natur, die Herrschaft über uns selbst aber** hat nicht zugenommen*). Demnach wird man die Frage, ob für unsere Zeit, die Zeit hochgestiegener **äußerer** Kultur, die Fortsetzung des im 18. Jahrhundert geführten Kampfes um die **innere sittliche** Kultur der Menschen im privaten und öffentlichen Leben überflüssig geworden sei, mit Entschiedenheit verneinen und die Fortführung dieses Kampfes für den Toleranz- und Humanitätsgedanken als eine unerläßliche Pflicht anerkennen müssen. Mögen wir auf vielen Gebieten des Wissens nnd Könnens

---

*) Auch auf unsere Zeit trifft das Wort Kants zu: „Wir sind in hohem Grade durch Kunst und Wissenschaft **kultiviert**. Wir sind **zivilisiert**... bis zu allerlei gesellschaftlicher Artigkeit und Anständigkeit. Aber uns schon für **moralisiert** zu halten, daran fehlt noch sehr viel." (Kant, Idee zu einer allgem. Geschichte in weltbürgerlicher Absicht" [1784], Halle 1799, 2. Aufl., S. 679.)

dem 18. Jahrhundert noch so überlegen sein, hinsichtlich dieser hohen unveräußerlichen sittlichen Ideen, in dem fortzuführenden ernsten Kampfe um den Sieg des „Toleranzgedankens" und der „Humanitätsidee" haben wir an das 18. Jahrhundert wieder anzuknüpfen. Hier gilt das Wort: „Auf Lessing, Herder, Kant und Mendelssohn **zurückgehen heißt fortschreiten.**"

www.ingramcontent.com/pod-product-compliance
Lightning Source LLC
Chambersburg PA
CBHW021716230426
43668CB00008B/855